21 世纪高等院校计算机基础系列教材

数据结构

Data Structure

习题与解答

张 曼 朱小谷 吕士俊 编著

兵器工业出版社

北京希望电子出版社
Beijing Hope Electronic Press
www.bhp.com.cn

内 容 简 介

本书是《数据结构》的配套习题与解答，内容包括线性表、堆栈、队列、串、数组、树、图、查找、排序等在内的各种数据结构和文件的基本概念，逻辑结构与存储结构，以及在这些结构的基础上实施的相关操作。

本书可作为大学、高等教育自学考试计算机专业文凭考试课程的理想教材，也可作为普通高等院校计算机专业本科学生"数据结构"课程的教材与教学参考书。

图书在版编目（CIP）数据

数据结构习题与解答/张曼，朱小谷，吕士俊编著.
北京：兵器工业出版社；北京希望电子出版，2005.8
（21世纪高等院校计算机基础系列教材）
ISBN 7-80172-469-0

Ⅰ. 数… Ⅱ. ①张… ②朱… ③吕… Ⅲ. 数据结构—高等学校—解题 Ⅳ. TP311.12-44

中国版本图书馆 CIP 数据核字（2005）第 055027 号

出　　版：兵器工业出版社 北京希望电子出版社
邮编社址：100089　北京市海淀区车道沟 10 号
　　　　　100085　北京市海淀区上地信息产业基地 3 街 9 号
　　　　　金隅嘉华大厦 C 座 610
发　　行：北京希望电子出版社
电　　话：（010）82702660（发行）　（010）62541992（门市）
经　　销：各地新华书店　软件连锁店
印　　刷：北京媛明印刷厂
版　　次：2005 年 8 月第 1 版第 1 次印刷

封面设计：王　旭
责任编辑：郭春临　宋丽华　刘　芯
责任校对：娄　艳
开　　本：787×1092　1/16
印　　张：13.25
印　　数：1-5000
字　　数：302 千字
定　　价：18.00 元

总　序

21 世纪挑战与机遇并存，没有足够的知识储备必将被时代所抛弃。中国 IT 教育产业竞争日趋激烈，用户需求凸显个性，行业发展更需要理性。未来五年 IT 行业将以每年 18％的速度连续增长，将引发 IT 产业新的发展高潮。实现信息产业大国的目标，应该依赖教育，要圆信息产业强国的梦想，依然要寄托于教育，IT 教育事业任重道远，其产业也正面临着机遇与挑战。

我国的计算机教学长久以来一直重原理、轻应用。高等院校的计算机教学机制和教材对计算机本身的认识都存在误区。要改革高校计算机教学，教材改革是重要方面，用计算机教材的改革促进基础教育的改革势在必行。

一本好书，是人生前进的阶梯；一套好教材，就是教学成功的保证。为缓解计算机技术飞速发展与计算机教材滞后落伍的矛盾，我们通过调查多所院校的师生，并多次研讨，根据读者认识规律，开创出一种全新的方式，打破过去介绍原理——理论推导——举例说明的模式，增加实用操作性，通过上机实验与课上内容结合来增强可读性，用通俗易懂的语言和例子说明复杂的概念。

本套教材的特点，一是“精”，精选教学内容；二是“新”，捕捉最新资讯；三是“特”，配备电子课件，力争达到基础性、先进性、全面性、典型性和可操作性的最大统一。

为保证教材质量，我们同时聘请了一批学术水平较高的知名专家、教授作为本套教材的主审和编委。全套教材包括必修课教材 20 多种，选修课教材和学习配套用书 10 余种，基本上涵盖了目前高等院校（含高等职业技术学院、高等专科学校、成人高等学校）计算机科学与技术专业所必修或选修的内容。各种教材编写时既注意到内容上的连贯性，又保证了教学上的相对独立性。

本套教材在内容的组织上，大胆汲取当今计算机领域最新技术，摒弃了传统教材中陈旧过时的内容。这些变化在各本教材中都得到了不同程度的体现。本套教材编写时既参照了教育部有关计算机科学与技术专业的教学要求，又参考了“程序员考试大纲”和“全国计算机水平等级考试大纲”的内容，因此既适合作为高等学校计算机科学与技术专业教材，也可作为计算机等级考试学习用书。

考虑到各校教学特点和计算机设备条件，我们本着“学以致用”的理念，在本套教材编写中自始至终贯彻“由浅入深，理论联系实际”的原则，以阐明要义为主，辅之以必要的例题、习题和上机实习，能够使学生尽快领悟和掌握。

在本套教材编写过程中，作者们付出了艰辛的劳动，教材编委会的各位专家、教授进行了认真的审定和悉心的指导。书中参考、借鉴了国内外同类教材和专著，在此一并表示感谢。

我们希望更多的优秀教师参与到教材建设中来，真诚希望广大教师、学生与读者朋友在使用本丛书过程中提出宝贵意见和建议。

若有投稿或建议，请发至本丛书出版者电子邮件：textbook@bhp.com.cn。

21 世纪高等院校计算机教材编委会

目　录

第一部分　数据结构习题

第二部分　数据结构习题解答

第一部分　数据结构习题

第一套习题

1．填空：（每小题 1 分，共 10 分）

（1）数据的存储结构即物理结构包括______、______、______、______等 4 种基本类型。

（2）带头结点的单链表为空的判定条件是______。

（3）空串的定义是____，其长度等于____。

（4）对矩阵采用压缩存储是为了________。

（5）对栈进行退栈的操作步骤是__________________。

（6）高度为 7 的平衡二叉树至少有____个结点。

（7）在有 n 个结点的无向图中，其边数最多为_________。

（8）在各种查找方法中，平均查找长度与元素个数无关的查法方法是___________。

（9）对 n 个元素的序列进行冒泡排序时，最少的比较次数是______。

（10）散列文件是利用_________组织的文件，类似于哈希表。

2．选择题：（每小题 2 分，共 20 分）

（1）数据结构被形式地定义为（D、R），其中 D 是____的有穷集，R 是 D 上的____有穷集。

A.算法　B.数据元素　C.数据操作　D.关系

（2）广义表((a,b),c,d)的表头是（　　），表尾是（　　）。

A.a　B.b　C.(a,b)　D.(c,d)

（3）串是一种特殊的线性表，其特殊性休现在____。

A.可以顺序存储　B.数据元素仅包含一个字符

C.可以链接存储　D.数据元素可以是多个字符

（4）稀疏矩阵一般的压缩存储方法有两种即____。

A.二维数组和三维数组　B.三元组表和散列

C.三元组表和十字链表　D.散列和十字链表

（5）栈的特点是____，队列的特点是____。

A.先进先出　B.先进后出　C.后进先出　D.后进后出

（6）对二叉树从 1 开始进行连续编号，要求每个结点的编号大于左右孩子的编号，同一个结点的左右孩子中，其左孩子的编号小于右孩子的编号，则可采用____的方式实现编号。

A.前序遍历　B.中序遍历　C.后序遍历　D.从根开始的层次遍历

（7）具有 4 个顶点的无向完全图有______条边。

A.6　B.8　C.5　D.20

（8）采用顺序查找方法，查找长度为 n 的线性表时，等概率情况下其平均查找长度是____。

A.n　B.n/2　C.(n+1)/2　D.(n-1)/2

（9）在待排序的元素序列基本有序的前提下.效率最高的排序方法是____。

A.直接插入排序　B.选择排序　C.快速排序　D.归并排序

（10）倒排文件的主要优点是____。

A.便于进行插入和删除运行　B.便于进行文件的合并

C.提高次关键字的查找速度　D.能大大节省存储空间

3．简答题：（每小题 5 分，共 30 分）

（1）数组 A 的声明如下：short A [6][5];

1）数组 A 被分配了多少字节？

2）若数组 A 的地址为 A＝1000，请计算按行存储时 A[3][2]和 A[1][4]的地址。

3）按行存储时数组的哪一项位于地址 1020？1034 呢？

（2）在用单连表表示的链式队列中，队头在链表的链头还是在链尾？队尾呢？

（3）有如下图的二叉树

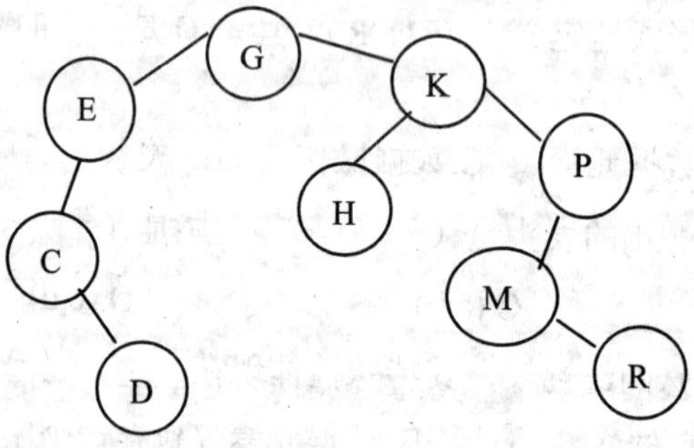

1）分别写出其先序.中序.后序.按层遍历序列。

2）画出该二叉树对应的森林。

（4）有初始的无序序列为{98,65,38,40,12,51,100,77,26,88}，给出对其进行归并排序（升序）的再一趟的结果。

（5）如果以下程序的输入 5 和 3，则输出是什么？

```
#include<stdio,h>
INT f (int b,intln)
{
```

```
  if (n= =0)
return   l;
else
  return   b*f (b,n-i)
}
void main()
{
    int b,e;
    printf("please in put b,e");
    scanf("%d,%d" b,e);
    printf("%d",f(b,e));
}
```

（6）什么是静态索引结构？什么是动态索引结构？它们各有哪些优缺点？

4．基本编程题：（每小题 10 分，共 30 分）

（1）编写算法实现顺序表的本地逆置，即利用原来顺序表所用的存储单元把数据元素序列（$a_0,a_1\ldots,a_{n-1}$）逆置为（$a_{n-1},\ldots,a_1,a_0$）。

（2）设串 s 和串 t 采用顺序存储结构，编写函数实现串 s 和串 t 的比较操作，要求比较结果包括等于和不等于两种情况。

（3）设广义表采用头尾链存储结构，编写求广义表长度的算法。

5．算法设计：（10 分）

设顺序表 L 的数据结构定义如下：

```
typedef    struct
{
     int    List [1000];
     Int      num;
}SeqList;
```

编写一个算法删除顺序表 L 中所有值为 X 的数据元素。

第二套习题

1．填空：（每小题 1 分，共 10 分）

（1）逻辑结构在计算机中的表示称为______结构。

（2）线性表元素长度为 4，Loc（a1）＝1000，则 Loc（a3）=________。

（3）若双向链表 S 中，s->next==s->Prior 则 S______。

（4）同一栈内各元素的类型__________。

（5）若对称的 n 阶矩阵的下三角元素存储在一维数组中，则该数组中包含__________个元素。

（6）在树与二叉树之间的转换方法中.树的根将变为二叉树的______。

（7）一个图的生成树的顶点是图的______顶点。

（8）有 N 条边的有向图的邻接表中，表头共有______个结点。

（9）VSAM 文件属于__________文件组织方式。

（10）归并排序的方法是一种______的排序方法。

2．选择题：（每小题 2 分，共 20 分）

（1）在二叉树中第 i 层的结点数最多可以为（　　）。

A.2i－1　　B.2^{i-1}

C.2^{i}　　D.$2^{i}-1$

（2）在单连表H中，若要向表头插入一个由指针 P 指向的结点，则执行______。

A.H=P；P->next=H；　　B.P-next=H；H=P；

C.P->next=H；P=H；　　D.P->next=H->next；H->next=P；

（3）从 n 个结点二叉检索树中查找一个元素时，其平均查找长度为______。

A.O（n）　　B.O（nlogn）

C.O（$\log_2 n$）　　D.O（n^2）

（4）队列中的元素个数是（　　）。

A.不变的　　B.可变的

C.任意的　　D.n+1

（5）链栈 L 的示意图如下，其栈顶元素是（　　）。

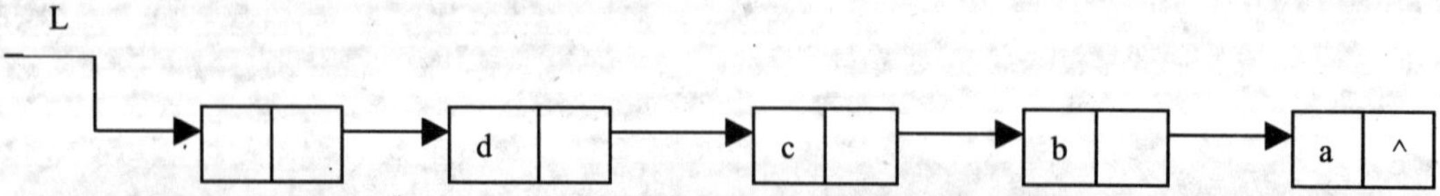

A.a　　B.b

C.c　　D.d

（6）下列几种排序方法中，要求辅助存储空间量最大的是________。

A.简单排序　　B.堆排序

C.快速排序　　D.归并排序

（7）给定有 n 个元素的顺序表，建立一个有序单链表的时间复杂度是________。

A.O（1）　　B.O（n^2）

C.O（n）　　D.O（$n\log_2 n$）

（8）下述几种排序方法中，平均时间复杂性最好的是______。

A.直接插入排序　　B.选择排序

C.冒泡排序　　D.归并排序

（9）索引文件由索引和主文件两部分组成，而当主文件无序时，对该文件所建立的索引必须是______。

A.稠密索引　　B.稀疏索引

C.静态索引　　D.动态索引

（10）下列排序法中，时间复杂度为 O（$n\log_2 n$）且占用额外空间最少的是______。

A.堆排序　　B.冒泡排序

C.快速排序　　D.归并排序

3．简答题：（20 分）

（1）n 个结点上的 m 元树转化为二叉树所需的存储空间，比未转换前的树多重链接法存储能节省多少字节空间？这里设定链域占 2 个字节，数据域占 2 个字节空间。

（2）设整数 1 到 N 随机地存放于整型数组 A[1:N]中。请设计一种时间复杂度为 O（N），空间复杂度为 O（1）的算法来实现对 A 的排序。

（3）写出下列程序段的输出结果。

```
#inciude<stdio,h>
include<stackl,h>
voidMain(  )
{
  Stack S;
  Char x,y;
  InitStack(S);
  X= ‘C,’ ;y= ‘k’ ;
 Push(S,x);      Push(S, ‘a’ );
 Push(S,y);       Pop(S,x);
 Push(S, ‘t’ );   Push (S,x);
```

```
Pop(S,x);        Push(S, 'S');
While(!EmptyStack (S))
    {
    Pop (S,y);
    Printf (y);
    };
Printf (x);
}
```

（4）给出如下图所示的无向图 G 的邻接矩阵和邻接表两种存储结构。

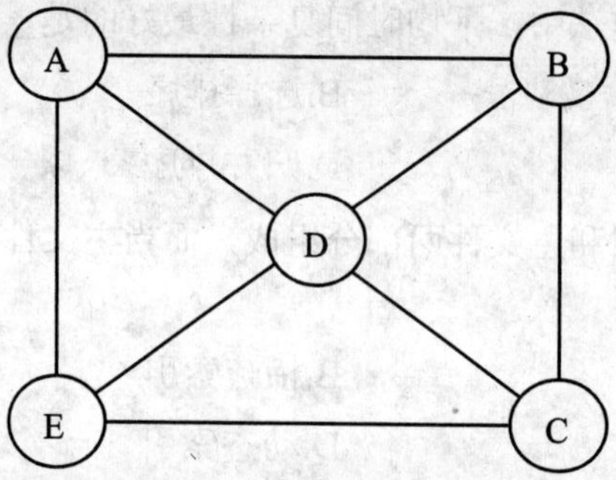

（5）设 a= '*+XYZ'，b= '(X+Y)*Z+'，试用联接，求子串 subst(s,pos,len)等运算，将串 a 转变成串 b。

4．基本编程题：（每小题 10 分，共 30 分）

（1）用而C语言描述顺序表上的顺序查找算法，并说明所有采用监视哨的作用。

（2）在矩阵A中如果存在这样的一个元素A[i][j]满足：A[i][j]是第 i 行中值最小的元素，而又是第 j 列中值最大的元素，则称之为该矩阵的一个马鞍点。编写一个算法计算出 m×n 的矩阵A的所有马鞍点这里设 A 为一个 3×4 的矩阶。

（3）在插入排序中找插入位置的操作可通过二分法查找法来实现，据此写出从大到小的二分查找插入排序算法。

5．综合算法题：（10 分）

若在二叉连表的结点中增没一个双亲域 Parent 以指向其双亲结点，试以此存储结构编写一个不设栈进行中序遍历向非递归算法。

第三套习题

1．填空：（每小题1分，共10分）

（1）循环队列sq是空队列的条件是________。

（2）线性表的________元素没有前导元素。

（3）链栈ls的栈顶元素安排为链表的首元素的原因是____________。

（4）数组的三元组存储是对______矩阵的压缩存储。

（5）深度为k的二叉树共有2^k-1个结点，该二叉树为________二叉树。

（6）若图G中每条边都______方向，则称G为无向图。

（7）二叉排序树中任意结点的键值____于其左子树中各结点的键值。

（8）散列函数一般是____对一的函数。

（9）索引表是指示逻辑记录和______记录之间对应关系的表。

（10）在直接插入排序的方法中，当需要将第i个数据插入时，此时前i-1个数据是______的。

2．选择题：（每小题2分，共20分）

（1）归并排序的方法是（　　）的排序方法。

A.稳定　　B.不稳定　　C.外部　　D.选择

（2）冒泡排序的方法要求被排序的数据（　　）存储。

A.必须是顺序　　B.必须是链表　　C.顺序或链表　　D.二叉树

（3）有n个顶点的无向图，最多有（　　）条边。

A.n　　B.2n　　C.n×(n-1)/2　　D.n×(n-1)

（4）索引文件由（　　）构成。

A.索引表　　B.主文件

C.索引表和主文件两部分　　D.查找表

（5）拓扑排序的图中（　　）表示活动。

A.顶点　　B.边　　C.图　　D.边或顶点

（6）二叉树第i层上最多有（　　）结点。

A.2i　　B.2i-1　　C.2^{i-1}　　D.i^2

（7）队列是限定在（　　）处进行删除操作的线性表。

A.端点　　B.队头　　C.队尾　　D.中间

（8）目前已知的一般情况下最快的排序算法是（　　）

A.希尔排序　　B.快速排序　　C.冒泡排序　　D.堆排序

（9）两指针 p 和 q，分别指向单链表的两个元素，p 所指元素是 q 所指元素的前导的条件是（　　）。

A.p->next=q　　　　B.q->next= =p

C.P==q　　　　D.p→next==q→next

（10）下列时间复杂度中最坏的是（　　）。

A.O(1)　　　　B.O(n)

C.$O(\log_2 n)$　　　　D.$O(n^2)$

3．简答题：（30 分）

（1）已知带表头的单链表 L，简述下列对 L 连表操作算法的功能。（5 分）

```
Status a(L)
{
if(L→next&&  L→next→next)
{
Q=L→next;
L→next=Q→next;
P=Q;
While  (P→next)     P=P→next;
P→next=Q;
Q→next=NULL;
}
return  OK
}
```

（2）已知一个图 G=(V,E)，其中:V={a,b,c,d,f}；（10 分）

E={<a,b>,<a,d>,<a,e>,<d,e>,<e,b>,<c,b>,<c,e>,<c,f>,<f,e>}

1）请画出该图，并写出邻接矩阵。

2）根据邻接矩阵，分别给出从顶点 a 出发的深度优先和广度优先遍历序列。

3）画出由此得到的深度优先和广度优先生成树（或森林）。

（3）设顺序循环队列的数据结构定义如下：（10 分）

```
typedef  Struct
{
  Datatype  queue[Maxnum];
  int front;
  int rear;
} SeqCycQueue;
```

并设顺序循环队列 d 采用少用一个存储单元的方法区分队列满和队列空，分别写出顺序循环队列的队列满和队列空的条件。

（4）当一个完全二叉树用数组存储时，若 i 是完全二叉树中的一个非根且非叶结点写出 i 的双亲结点.左孩子结点.右孩子结点下标的计算公式。设数组下标从 0 开始。（5 分）

4．基本编程题：（每题 10 分，共 30 分）

（1）假设有一个单循环链表，其结点含有 3 个域，即 pre，data 和 link。

Pre	data	link

其中，data 为数据域，存放元素的有效信息；link 为指针域，它指向后继结点；pre 为指针域，它的值为空指针（Null）。

试编写一个算法将此表改成双向循环链表。

（2）以二叉链表作存储结构编写算法，将二叉树中所有结点的左.右子树相互交换，如图所示。

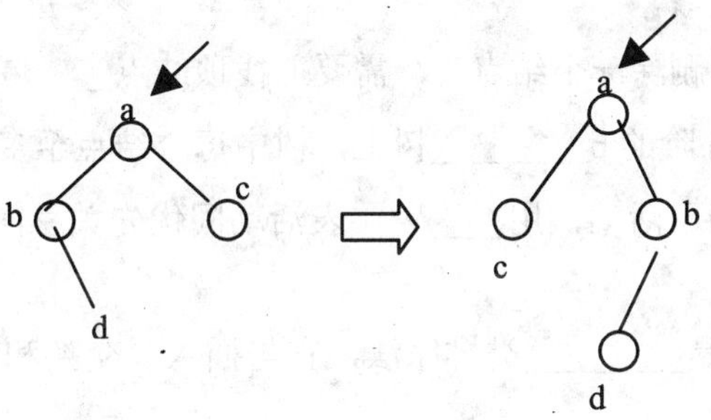

（3）编写二分查找法的递归算法。

5．综合算法题：（10 分）

设有 n 个城市 t_1，t_2，t_3，…，t_n，在任意两个城市间修公路，其耗费由一个对称矩阵 C 给出，如图所示。现拟修筑（n-1）条公路将这 n 个城市连成一片。试问：如何修筑可使道路的总耗费最小？请编写一个算法解决该问题。

	t_1	t_2	--	tn
t_1	0	b_{12}	--	b_{1n}
t_2	b_{21}	0	--	b_{2n}
⋮	⋮	⋮	⋮	⋮
t_n	b_{n1}	b_{n2}	--	0

第四套习题

1．填空题：（每小题 1 分，共 10 分）

（1）在一个带头结点的单循环连表中，P 指向尾结点的直接前驱，则指向头结点的指 head 可用 p 表示为 head＝________________。

（2）一个算法的时间复杂度为$(n^2+2n\log_2 n)$，其数量级表示为________。

（3）以折半查找方法从长度为 12 的有序表中查找一个元素时，平均查找长度为______。

（4）在一个完全二叉树的顺序存储中，若一个元素的下标为 $i(0\leqslant i\leqslant n-1)$，则其左孩子元素的下标，右孩子元素的下标为________。

（5）队列是一种________的线性表。

（6）设由字符串 a=‘data’、b=‘567’、c=‘＝’则 a 与 c 连接然后与 b 连接的结果为：____________。

（7）从一个链栈中删除一个结点时，需要把栈顶结点____域的值赋给________。

（8）在一棵非空 m 阶的 b________树上，树中每个结点至多有________棵子树。

（9）用________表示活动，用________表活动间优先关系的有向无环图，称为 AOV 网。

（10）基数排序法是________类排序法，它与插入、交换和选择排序法的排序策略均不同。

2．选择题：（每小题 2 分，共 20 分）

（1）为方便起见在一个顺序对列中，队首指针指向队首元素的（　　）位置。

A.前一个　　B.后一个　　C.当前

（2）二分查找算法的时间复杂度是（　　）

A. $O(n^2)$　　B.O(n)　　C.O(nlogn)　　D.O(logn)

（3）下列叙述中有关好的编程风格的正确描述是（　　）

A.程序中的注释是可有可无的

B.对递归定义的数据结构，不要使用递归过程

C.过程应是自封闭的，尺量少使用全局变量

D.多采用一些技巧以提高程序运行效率

（4）算法分析的目的是（　　）

A.找出数据结构的合理性

B.研究算法中的输入／输出关系

C.分析算法的效率以求改进

D.分析算法的易读性

（5）二叉树的结构如下图标所示，其中序遍历的序列为（　　）。

A.a，b，d，g，c，e，f，h

B.d，g，b，a，e，c，h，f

C.g，d，b，e，h，f，c，a

D.a，b，c，d，e，f，g，h

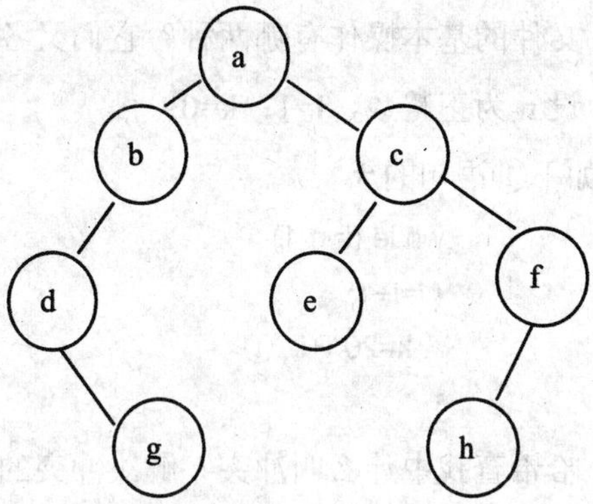

（6）一个队列的进队顺序是1，2，3，4，则出队顺序为（　　）。

A.4，3，2，1　　B.2，4，3，1

C.1，2，3，4　　D.3，2，1，4

（7）下面陈述中正确的是（　　）

A.串是一种特殊的线性表　　B.串的长度必须大于零

C.串中元素只能是字母　　D.空串就是空白串

（8）如下具有线性结构的数据结构是（　　）。

A.树　　B.有向图

C.无向图　　D.栈与队列　　E.以上都不是

（9）对长度为N的线性表，按顺序查找，在查找不成功时，与关键字的比较次数为（　　）。

A.1　　B.N＋1

C.N－1　　D.N　　E.以上都不是

（10）对如下所示的带权有向图，从顶点1到顶点5的最短路径为（　　）

A.1，4，5，

B.1，2，3，5

C.1，4，3，5

D.1，2，4，3，5

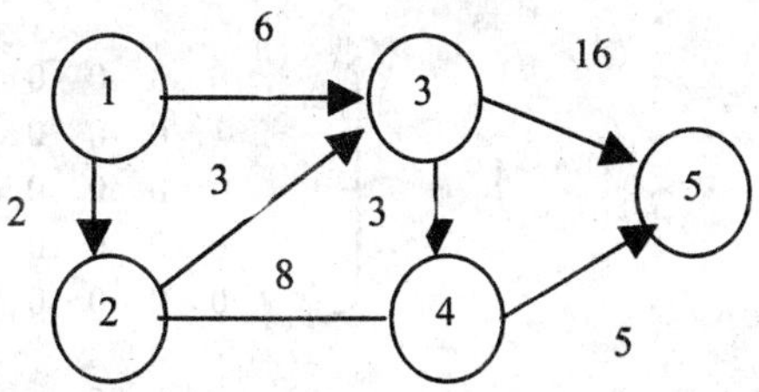

3．简答题：（每小题6分，共30分）

（1）对于一个堆栈，若输入序列A，B，C，D，E，问能得到什么样的输出？

（2）请回答树与二叉树的区别。

（3）文件的基本操作有哪两种？它们又各自包含什么？

（4）设 n 为正整数，I=1；k=0；

分析如下①语句的＊

```
wh:le (i=n-1)
{ i=i+1;
  k=20*i+i; ①
}
```

（5）哈希查找中什么叫冲突？解决冲突的方法有哪些？

4．基本编程题：（每小题 10 分，共 30 分）

（1）试写出冒泡排序的代码算法：

（2）设 A＝($a_1,a_2,\ldots,a_n$)和 B($b_1,b_2,\ldots$bn)均是线性表，若 A，B 都为空表，则 A＝B；若 A 为空表，B≠空表，或两者均不空且 A 首元素小于 B 首元素，则 A＜B；或两者均非空且 A，首元素＞B 首元素，则 A＞B。试写一个比较 A，B 大小的算法。

（3）若顺序表中各结点被查找的概率不同，则可以用策略提高顺序查找的效率：在若找到指定的结点后，将该结点与其前导元素交换位置，使得常被查找的元素尽量存放在表的前部。

1）顺序表顺序存储，实现该算法。

2）顺序表单链表存储下，实现该算法。

5．综合算法题（10 分）

假设稀疏矩阵只存放其非 0 元素的行号.列号和数值，以一维数组顺序存放，行号为－1 作结束标志。如下图所示的稀疏矩阵 M，存放在一维数组 D 中：

D[0]=1，D[1]=2，D[2]=3，D[3]=1，D[4]=5，D[5]=8，D[6]=3，D[7]=9，D[8]=7，D[9]=-1，

其中表示不为 0 的元素为（1,1,1），（1,5,10），（3,9,5）。

$$M = \begin{pmatrix} 0 & 3 & 0 & 0 & 8 & 0 & 0 & 0 & 0 \\ 1 & 0 & 0 & 0 & 0 & 0 & 0 & 0 & 0 \\ 0 & 0 & 0 & 0 & 0 & 0 & 0 & 0 & 7 \\ 0 & 0 & 0 & 0 & 0 & 0 & 0 & 0 & 0 \\ 0 & 0 & 0 & 0 & 0 & 0 & 0 & 0 & 0 \end{pmatrix}$$

假设有两个按如上方法存储的稀疏矩阵 A 和 B，它们均为 m 行 n 列矩阵，分别存放在数组 A 和 B 中，编写求矩阵加法 C=A+B 的算法，C 存放在数组 C 中。

第五套习题

1．填空题：（每小题 1 分，共 10 分）

（1）在有 n 个元素的顺序存储结构的线性表中插入一个新元素，需要平均移动______个元素。

（2）为防止在图的遍历中走回，应设立____________。

（3）在各种查找方法中，平均查找长度与结点个数无关的查找方法是________。

（4）数据的基本单位是__________。

（5）同一数组中各元素的长度________。

（6）已知广义表 L=(((g,f,)e),(d,c(c),b),a)，用 head 和 tail 函数，写出从 L 中取出元素 C 的运算____________________________。

（7）冒泡排序最少的比较次数是__________。

（8）循环队列 Sd 进行 outQueue(Sd,1x)运算时，要执行的语句序列中有 Sd.front=________________。

（9）散列文件是使用________技术组织成的文件。

（10）冒泡排序的方法是________的排序方法。

2．选择题：（每小题 2 分，共 20 分）

（1）在下列网中，（　　）是不带权值的图。

A.公路网　　B.Aov 网

C.邮电网　　D.Aoe 网

（2）指针 P 指向带头结点的循环单连表 L 的首元素的条件是（　　）。

A.P==L　　B.P→next==L

C.L→next==P　　D.P→next==NULL

（3）循环队占用的空间（　　）。

A.必须连续　　B.可以不连续

C.不能连续　　D.不必连续

（4）平衡二叉树中各结点左右子树深度差不多为（　　）。

A.1　　B.2

C.－1　　D.0

（5）动态查找包括（　　）的查找。

A.二叉排序树查找　　B.顺序查找

C.二分查找　　D.索引查找

（6）索引文件（　　　）文件。

A.只能是磁带　　　　B.只能是磁盘

C.不能是磁盘　　　　D.是磁盘或磁带

（7）若用冒泡排序对关键字序列{21,18,13,9,5,2}从小到大进行排序，则需要交换的总次数为为（　　）。

A.3　　　B.6　　　C.12　　　D.15

（8）由权值分别为 7，4，3，2，的叶子结点生成一棵哈夫曼树，它的带权路径长度为（　　）。

A.22　　　B.28　　　C.46　　　D.30

（9）设有两个串 t 和 P，求 P 在 t 中首次出现的位置的运算叫做（　　　）。

A.求子串　　B.模式匹配　　C.串替换　　D.串连接

（10）假设以三元组表表示稀疏矩阵，则和下列三元组表

3	1	-5

对应的稀疏矩阵是（　　　）

A. $\begin{pmatrix} 0 & -9 & 0 & 6 \\ 7 & 0 & 0 & 0 \\ -5 & 0 & 0 & 0 \\ -5 & 0 & 6 & 0 \\ 0 & 0 & 0 & 0 \end{pmatrix}$　　B. $\begin{pmatrix} 0 & -9 & 0 & 6 \\ 7 & 0 & 0 & 0 \\ -5 & 0 & 6 & 0 \\ 0 & 0 & 0 & 0 \\ 0 & 3 & 0 & 0 \end{pmatrix}$

C. $\begin{pmatrix} 0 & -9 & 0 & 6 \\ 0 & 0 & 0 & 0 \\ 0 & 2 & 0 & 0 \\ -5 & 0 & 6 & 0 \\ 0 & 0 & 0 & 0 \end{pmatrix}$　　D. $\begin{pmatrix} 0 & -9 & 0 & 6 \\ 0 & 0 & 0 & 0 \\ 7 & 0 & 0 & 0 \\ -5 & 0 & 6 & 0 \\ 0 & 3 & 0 & 0 \end{pmatrix}$

3．简答题：（30 分）

（1）常用的存储表示法有哪几种并给出其定义？（8 分）

（2）假设一棵完全二叉树包括 A、B、C、D、E、F、G 共 7 个结点，写出其各结点相关的邻接表和邻接矩阵。（6 分）

（3）写出下列二叉树的失序、中序、后序遍历序列。

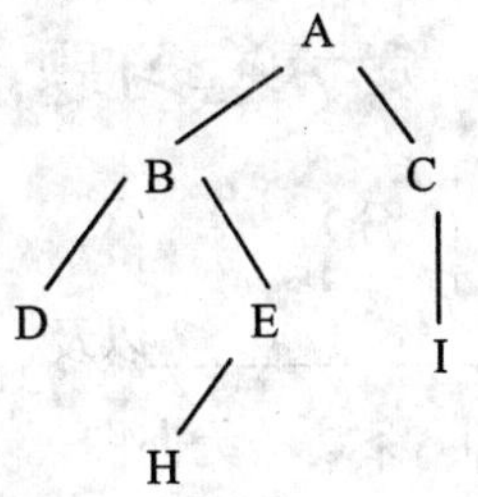

（4）假定有 m 个关键字，它们具有同一个哈希函数值。若采用线性探测再散列法将它们映射到某哈希表中，至少要进行多少次探测？为什么？

（5）求下列无向图中每个点的度。

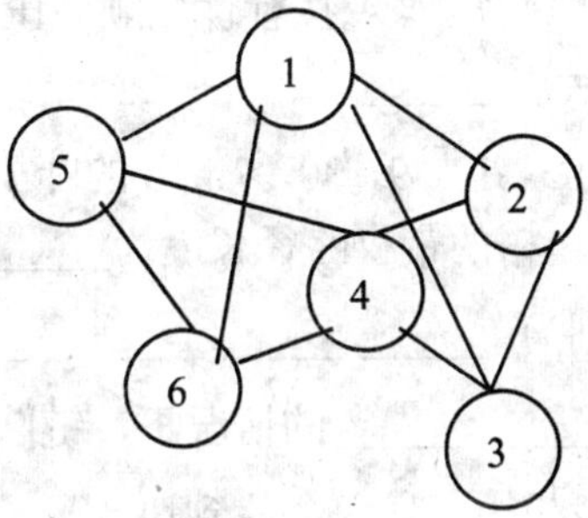

4．基本编程题：（每小题 10 分，共 30 分）

（1）设顺序表 L 是一个递减有序表，试写一算法，将 X 插入其后仍保持 L 的有序性。

（2）用 $X_1<X_2<X_3<\ldots<X_n$ 形成一棵二叉查找树。且对某个 $i\geqslant2$ 和 X_i，有结点 X_i 的左子树为空，当用二叉树查找的算法来查找 X_i 时，将对 X_{i-1} 进行一次探查编写。

（3）相应的查找算法，编写一个实现串比较运算的函数 Strcmp(s,t)，当 S 大于 t 时返回 I，S 大于 t 时返回 1，相等时返回 0，S 小于 t 时返回－1。

5．综合算法题：（10 分）

用带头结点的循环链表表示队列，但只设置　个指针指向队员队尾元素站点，试编写相应的初始化空队，判队空.入队和出队 4 个算法。

（1）置空队

（2）判队空

（3）入队

（4）出队

第六套习题

1．填空题：（每小题 1 分，共 10 分）

（1）抽象数据类型 ADT 是指____________以及__________________。

（2）对于一个具有 n 个顶点和 e 条边的无向图，若采用邻接表表示，则表头向量的大小为____，邻接表中的边结点总数为____。

（3）双端对列是______________________的线性表。

（4）一般情况下，外部排序所需总的时间＝______________＋____________＋____________。

（5）假设一个 12 阶的上三角矩阵 A 按行优先顺序压缩存储在一维数组 B 中，则非零元素 $a_{8,9}$ 在 B 中的存储位置 K＝________。

（6）由四个分别带权值为 5，12，9，30，7，16 的叶子结点构造一棵哈夫曼（Haffman）树，该树的结点个数为______，树的带权路径长度为______。

（7）算法必须满足的准则为__________________________。

（8）在__________________________的情况下，链队列的出队操作需要修改尾指针。

（9）索引顺序表上的查找先由________找到块。

（10）多关键字文件是不仅对主关键字索引，还对其余的次关键字进行______。

2．选择题：（每小题 2 分，共 20 分）

（1）ISAM 是索引顺序存取方法，该方法专为（　　）存取设计。

A.磁带　　B.磁盘　　C.光盘　　D.外存储器

（2）静态查找表的全部运算是（　　）

A.建表　　B.建表和查找

C.查找和读表元　　D.建表.查找和读表元

（3）连通分量是（　　）的极大连通子图。

A.无向图　B.有向图　C.树　D.图

（4）满二叉树（　　）二叉树。

A.一定是完全　　B.不一定是完全

C.不是　　D.不是完全

（5）指针 P 所指的元素是双向循环链表 L 的尾元素的条件是（　　）。

A.P= =L　　B.P= =NULL

C.P→Llink= =L　　D.P→Rlink= =L

（6）设一个栈的输入序列为 A，B，C，D，则借助一个栈所得到的输出序列不可能的是（ ）。

A.A，B，C，D B.D，C，B，A

C.A，C，D，B D.D，A，B，C

（7）串是（ ）。

A.不少于一个字母的序列 B.任意个字母的序列

C.不少于一个字母的序列 D.有限个字符的序列

（8）假设以数组 A[m]存放循环队列的元素，其头尾指针分别为 front 和 rear，则当前队列中的元素个数为（ ）

A.（rear-fron+m）%m B.rear-front+1

C.(front-rear+m)%m D.(rear-front)%m

（9）堆排序在最坏情况下的时间复杂度是（ ）。

A.$O(\log_2 n)$ B.$O(\log_2 n^2)$

C.$O(n\log_2 n)$ D.$O(n^2)$

（10）以下陈述正确的是（ ）。

A.在顺序存储的线性表中，逻辑上相继的两个数据元素在物理位置上并不一定紧邻

B.链式存储的线性表可以随机存取

C.顺序存储的线性表可以随机存取

D.在线性表的顺序存储结构中，插入和删除元素时，移动元素的个数仅仅与该元素的位置有关

3．简答题：（每小题 6 分，共 30 分）

（1）在顺序表中插入和删除一个结点需平均移动多少结点？具体的移动次数取决于哪两个因素？

（2）对于循环向量中的循环队列，写出求队列长度的公式。

（3）已知某二叉树的前根排序序列是 abcdc，中根排序序列是 cbdac，根据这两个序列能否唯确定一棵二叉树，若能请画出。

（4）已知有 6 个队 A，B，C，D，E 和 F 进行球赛，已经比赛过的场次有 A 同 B，C；B 同 D，F；E 同 C，F。设每个队每周比赛一次，试给出一种调度算法，使得所有的队能在最短的时间内相互之间比赛完毕。

（5）简述倒排文件组成。

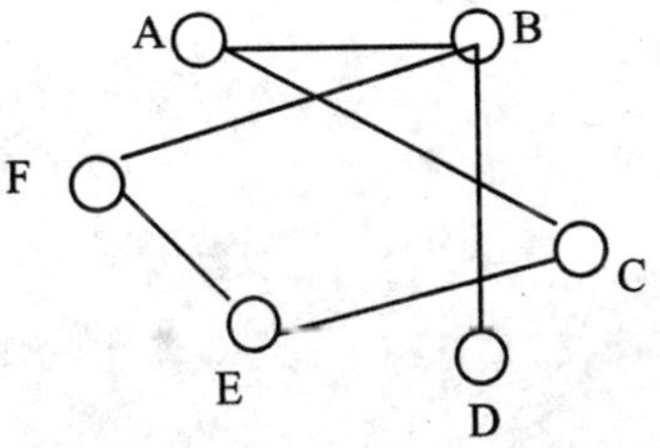

4．基本编程题：（每小题 10 分，共 30 分）

（1）写一算法在单链表上实现线性表的 ListLength(L)运算。

（2）以二叉链表为存储结构，分别写出求二叉树结点总数及叶子总数的算法。

（3）使用类 C 语言编写一个算法，求用向前链表表示的链队 Ld 中元素的个数。

5．综合算法题：（10 分）

对于二维数组 A[m][n]，其中 m≤80，n≤80,先读入 m 和 n，然后读法数组的全部元素，对如上三种情况分别编写相应函数：

（1）求数组 A 靠边元素之和。

（2）求从 A[0][0]开始的互不相邻的各元素之和。

（3）当 m=n 时，分别求两条对角线上的元素之和，否则打印出 m≠n 的信息。

第七套习题

1．填空题：（每小题 1 分，共 10 分）

（1）一个数据结构用二元组表示，它包括________的集合 K 和 K 上_________的集合 R。

（2）索引文件由________________和_______两部分组成。

（3）在长度为 n 的线性表的顺序存储和链接存储中，顺序查找结点值为 x 的元素的时间复杂度分别是_______和_______。

（4）有一个 10 阶对称矩阵，采用压缩存储方式(以行序为主存储矩阵的下三角部分，且 A[0][0]的地址为 1)，则 A[8][5]的地址是________。

（5）在无向图的邻接矩阵 A 中，若 A[i][j]等于 1，则 A[j][i]等于______。

（6）文件的检索有 3 种方式：______存取.______存取和按关键字存取。

（7）快速排序的平均时间复杂度为__________，在最坏情况下的时间复杂度为____。

（8）数据的逻辑结构是从逻辑关系上描述数据它与数据的______________无关，是独立于计算机的。

（9）栈顶的位置是随__________操作而变化的

（10）在一个具有 n 个顶点的无向完全图中，包含有________条边，在一个有 n 个顶点的有向完全图中，包含有__________条边。

2．选择题：（每小题 2 分，共 20 分）

（1）在需要经常查找结点的前驱与后继的场中合使用（　　）比较合适。

A.单链表　B.双链表　C.顺序表　D.循环链表

（2）按照二叉树的定义，具有 3 个结点的二叉树有（　　）种。

A.3　B.4　C.5　D.6

（3）对于一个具有 n 个顶点的无向图，若采用邻接表表示，则存放表头结点的数组的大小为（　　）。

A.n　B.n+1　C.n-1　D.n+边数

（4）对于大文件的排序要研究在外设上的排序技术，即（　　）。

A.快速排序法　B.内排序法　C.外排序法　D.交叉排序法

（5）在一个顺序队列中，队首指针指向队首元素的（　　）位置。

A.前一个　B.后一个　C.当前

（6）采用顺序搜索方法查找长度为 n 的顺序表时，搜索成功的平均搜索长度为（　　）。

A.n　B.n/2　C.(n-1)/2　D.(n+1)/2

（7）由权值分别为 3、8、6、2、5 的叶子结点生成一棵哈夫曼树，它的带权路径长度为（　　　）。

A.24　　B.48　　C.72　　D.53

（8）线性表采用链式存储时，结点的存储地址（　　　）。

A.必须是不连续的　　B.连续与否均可

C.必须是连续的　　D.和头结点的存储位置相连续

（9）按照树的定义，具有 3 个结点的树有（　　　）种。

A.3　　B.4　　C.2　　D.6

（10）如果 T_2 是由有序树 T 转换而来的二叉树.那么 T 中结点的后序就是 T_2 中结点的（　　）。

A.前序　　B.中序　　C.后序　　D.层次序

3．简答题：（每小题 6 分，共 30 分）

（1）设有 500 个无序元素，要求用最快的速度排序选出其中的前 10 个元素。试问：在快速排序、希尔排序、堆排序、选择排序等排序方法中，用哪一种方法最好？为什么？

（2）设数据集合 d={2,24,10,16,6,20,14,26,18}

请完成下列各题：

1）依次取 d 中各数据构造一棵 AVL 树。

2）如何依据该树得到 d 的一个有序序列。

3）画出在该树上删除“24”后的树结构。

（3）假设图的顶点是 A，B，…，请根据下述的邻接矩阵画出相应的无向图或有向图。

$$\begin{bmatrix} 0 & 1 & 1 & 0 \\ 1 & 0 & 0 & 1 \\ 1 & 0 & 0 & 1 \\ 0 & 1 & 1 & 0 \end{bmatrix}$$

(a)

$$\begin{bmatrix} 0 & 1 & 1 & 0 & 0 \\ 0 & 0 & 0 & 1 & 0 \\ 1 & 0 & 0 & 0 & 1 \\ 1 & 0 & 0 & 0 & 0 \\ 0 & 1 & 0 & 0 & 0 \end{bmatrix}$$

(b)

（4）已知关键字序为：(75,33,52,41,12,88,66,27) 哈希表长为 10，哈希函数为：H（k）=kMOD7，解决冲突用线性探测再散列法，对构造的哈希表，求等概率下查找成功的平均查找长度。

（5）试利用广义表取表头 head(LS)和取表尾 tail(LS)的基本运算，将原子 d 从下列广义表中分解出来，请写出每一步的运算结果。

L=((a,(b)),((c,d)),(e,f))

4．基本算法题：（每小题 10 分，共 30 分）

（1）设数组 A[1..N]为循环队列的存储空间，队头队尾指针分别为 front 和 rear，试用类 C 语言写出元素 x 入队的算法。

（2）消除单链表 H 中的数据域值相同的结点。例如（2,3,3,1,2,3）经过消除后的结果为（2,3,1）。

（3）试写一个判别给定二叉树是否为二叉排序树（BST 树）的算法，设二叉树以二叉链表存储表示。

5．综合算法题：（10 分）

在图的广度优先遍历算法中，如果以一个整型数组 vexno[n]作为队列存储空间，请改写图的广度优先遍历算法，使得算法结束后，图的广度优先遍历序列的顶点序号依次保存在数组 vexno[n]中。假设图采用邻接表存储。

第八套习题

1．填空题：（每小题 1 分，共 10 分）

（1）在线性结构中，开始结点______前驱结点，其余每个结点有且只有______个前驱结点；终端结点______后继结点，其余每个结点有且只有______个后继结点。

（2）算法的 5 个重要特性是______、______、______、______、______。

（3）对栈进行退栈时的操作是____________________________________。

（4）循环队列 Sg 空的条件是____________________。

（5）在 n 维数组中每个元素都受到____个条件的约束。

（6）n 阶三角矩阵的上三角元素值相等，进行压缩存储时，该值存储在下标为____________的数组元素中（下标从 1 开始）。

（7）树中根结点的层数为____。

（8）仅允许在表的同一端进行插入和删除运算的线性表被称为__________。

（9）深度为 6（根层次为 1）的二叉树至多有______个结点。

（10）栈的元素只能从栈的______入栈、出栈。

2．选择题：（每小题 2 分，共 20 分）

（1）下列四种基本的逻辑结构中，数据元素之间关系最弱的是（　　）。

A.集合　　B.线性结构

C.树形结构　　C.图状结构

（2）设有两个串 t 和 p，求 p 在 t 中首次出现的位置的运算叫做（　　）。

A.求子串　　B.模式匹配

C.串替换　　D.串连

（3）将一个递归算法改为对应的非递归算法时，通常需要使用（　　）。

A.栈　　B.队列

C.循环队列　　D.优先队列

（4）线性表 L 的顺序存储示意图

a	b	c	d	e	f	g	h						

1）LENGTH(L)==（　　）

A.a　　B.h

C.6　　D.8

2）GET(L,4)=（　　）

A.a　　B.d

C.h　　D.8

3）INSERT(L，w，4); GET(L，4)的值为（　　）

A.a　　B.d

C.w　　D.8

4）DELETE(L,1); GET(L,1)的值为（　　）。

A.a　　B.b

C.w　　D.8

（5）4 个元素按 A、B、C、D 顺序连续进 S 栈，进行 Pop(S,x)运算后，x 的值是（　　）。

A.A　　B.B

C.C　　D.D

（6）在具有 n 个结点的完全二叉树中，结点 i=(i=1)的父结点（　　）。

A.2i　　B.不存在

C.2i+1　　D.是[i/2]

（7）完全二叉树（　　）二叉树。

A.一定是满　　B.可能是满

C.不是　　D.一定不是满

（8）拓扑排序是对（　　）进行的。

A.无向图　　B.有向图

C.任意图　　D.有向图和无向图

（9）动态查找表的全部运算是（　　）。

A.建表、查找和读表元　　B.插入、删除

C.初始化　　D.前三个选项中的全部

（10）散列文件是使用（　　）技术组织成的文件。

A.索引　　B.动态　　C.关键字　　D.散列

3．简答题：（共 30 分）

（1）算法的时间复杂度仅与问题的规模相关吗？（6 分）

（2）下述算法的功能是什么？（6 分）

```
Linklist  Demo(Linklist L)}//L 是无头结点单链表
  ListNode*Q,*P;
  if(L&&L→next){
    Q=L;L=L→next;P=L;
    while(P→next)P=P→next
      P→next=Q;Q→next=NULL;
```

```
    }
        return L;
    }//Demo
```

（3）设有如图所示的中序线索树，现要在该图中所指示的位置插入一个新结点 h，使其成为结点 c 的右孩子。请写出完成插入结点 h 的具体操作。

指针 pt，s，t 所指示的结点如图中所示，图上的虚线表示线索。（8 分）

（4）A、B、C 三个元素进 S 栈的顺序是 A、B、C，写出所有可能的出栈序列和相应的操作，哪个顺序不会是出栈序列？（10 分）

4．基本编程题：（每小题 10 分，共 30 分）

（1）回文是指正读反读均相同的字符序列，如“abba”和“andna”均是回文，但“good”不是回文。试写一个算法判定给定的字符向量是否为回文。（提示：将一半字符入栈）

（2）用类 C 语言，描述将两个循环链表 LP 和 LQ 合并成一个循环链表的算法。要求不另开辟空间。

（3）采用顺序存储方式存储串，编与一个函数求串 s 中出现的第一个最长重复子串的下标和长度。

5．综合算法题：（10 分）

改写快速排序算法，要求采用三者取中的方式选择划分的基准记录：若当前被排序的区间长度小于等于 3 时，无须划分而是直接采用直接插入方式对其排序。

第九套习题

1．填空题：（每小题 1 分，共 10 分）

（1）在排序前，关键字值相等的不同记录间的前后相对位置______________的排序方法称为不稳定的排序方法。

（2）对一组基本有序的数据进行排序，______排序方法运算次数最少。

（3）索引文件由索引表和______两部分构成。

（4）ISAM 文件由多级主索引、柱面索引、磁道索引和______组成。

（5）散列表是按______存储方式构造的存储结构。

（6）有 n 条边的无向图的邻接表中，链表共有____个边结点。

（7）二叉树的 LCHILD（BT,X）操作，函数值指问 X 的______结点。

（8）已知循环队列 Sq，在进行出队操作前首先要判断________。

（9）稀疏矩阵的三元组中第 1 列存储的是稀疏数组中非零元素所在的______。

（10）串的顺序存储结构包括________________两种格式。

2．选择题：（每小题 2 分，共 20 分）

（1）每一个存储结点不仅含有一个数据元素，还包含一组指针，该存储方式是（　　　）存储方式。

A.顺序　　B.链式

C.索引　　D.散列

（2）记录中的各个数据项类型（　　　）。

A.必须相同　　B.不必相同

C.不能相同　　D.不确定

（3）在双问链表的一个结点中有（　　　）个指针。

A.1　　B.2

C.0　　D.3

（4）串 s=‘abcdefg’，经运算 DELETE(S,2)后 S=（　　　）。

A.‘AEFG’　　B.‘abcd’

C.‘abcdefg’　　D.‘ABCD’

（5）经过下列栈的运算后 GetTop(s)的值是（　　　）。

Initstack(s);Push(s,a);Push(s,b),Pop(s);

A.a　　B.b

C.1　　D.2

（6）数组一般不做（　　）操作。

A.查找　　B.初始化

C.插入和删除　　D.修改

（7）在具有 n 个结点的完全二叉树中，结点 i(2i<n)的左孩子结点（　　）。

A.是 2i　　B.不存在

C.是 2i+1　　D.是 2i-1

（8）有 N 条边的有向图的邻接矩阵存储法中，链表中结点的个数是（　　）。

A.N　　B.2N

C.N/2　　D.N*N

（9）（　　）不是利用查找表中数据元素的关系进行查找的方法。

A.有序表的查找　　B.二叉排序树的查找

C.平衡二叉树　　D.散列查找

（10）顺序文件特别适应于（　　）。

A.磁带存储器　　B.硬磁盘存储器

C.光盘　　D.软磁盘存储器

3．简答题：（共 30 分）

（1）设散列长度为 9，散列函数为 H(k)=kmod9，给出关键字序列：23，45，14，17，9，29，37，18，25，41，33，采用链地址法解决冲突。（10 分）

1）请画出散列表。

2）求出查找各关键字的比较次数。

3）计算在等概率情况下，查找成功的平均查找长度。

（2）在单链表中设置头结点的目的主要是什么？（5 分）

（3）简述下列算法的功能。（5 分）

```
algo(stack s)
{
    int i,n,A[255];
    n=0;
    while(!EmytyStack(s))
      {n++;Pop(S,A[n]);}
    for(i=1;i<=n;i++) Push(S,A[i]);
}
```

（4）写出下面二叉树的前序、中序和后序遍历序列。（10 分）

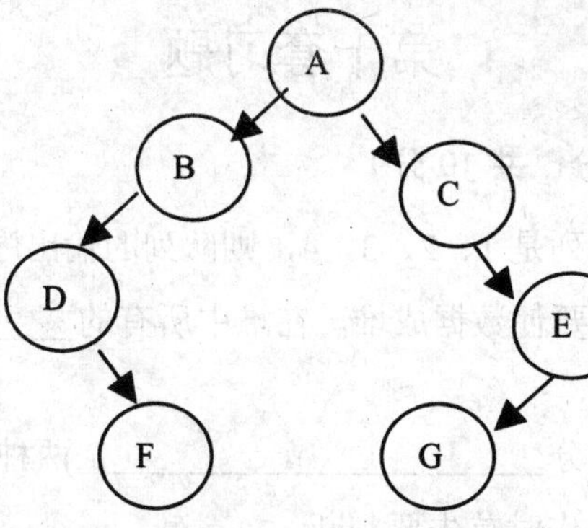

4．基本编程题：（每题 10 分，共 30 分）

（1）采用顺序存储方式存储串，编写一个实现串通配符匹配的函数 pattern_index( )，其中的通配符只有“？”，它可以和任一字符匹配成功，例如，pattern_index(“?re”，“there are”，返回的结果是 2。

（2）使用类 C 语言编写一个算法，使用栈对输入的符号序列中的中括号“[”与“]”是否配对进行判断，如果不配对，判断哪个括号多，输入“＃”表示序列输入结束。

（3）假设有 n(n＞1)个线性表顺序地存放在向量 S[i..m]中，令 F[i]和 R[i]指示第 i 个(1≤i≤n 表的第一个元素和最后一个元素在向量 S 中的位置，并设定 R[i]<F[i+1]，F[n+1]=m+1。试写出实现下列要求的算法：

1）在第 i 个表中第 j 项后面插入 1 个元素，仅当整个[1,m]空间填满时，插入才不允许进行。

2）删除第 i 个表中的第 j 个元素，要求在删除第 j 个元素后，该表仍为顺序存储的线性表。

5．综合算法题：（10 分）

假设稀疏矩阵 A 和 B（具有相同的大小 m×n）都采用三元组表示，编写一个函数计算 C＝A＋B，要求 C 也采用三元组表示。

第十套习题

1．填空题：（每小题 1 分，共 10 分）

（1）一个队列的入队序列是 1、2、3、4，则队列的输出序列是______。

（2）在堆排序中，首先要使数据成堆，在堆中所有的__________都不比其孩子结点小（或大）。

（3）线性表的存储结构分________________________两种。

（4）栈 S 在进行出栈操作时首先要判断________。

（5）对于一个具有 n 个顶点和 e 条边的有向图和无向图，若采用邻接矩阵表示，则矩阵大小为____行____列。

（6）对于一棵具有 n 个结点的二叉树，若一个结点的编号为 i(1≤i≤n),则它的左孩子结点的编号为______，右孩子结点的编号为______，双亲结点的编号为______。

（7）二分查找的平均时间复杂度为________。

（8）迪杰斯特拉(Dijkstya)算法用于求图中的__________。

（9）在一棵二叉树中，度为零的结点的个数为 n_0。度为 2 的结点的个数为 n_2,则有 n_0＝________。

（10）直接存取文件是用______方法组织的。

2．选择题：（每小题 2 分，共 20 分）

（1）倒排文件的主要优点是（　　）。

A.便于进行插入和删除运算

B.便于进行文件的合并

C.能大大提高次关键字的查找速度

D.能大大节省存储空间

（2）下述几种排序方法中，要求内存量最大的是（　　）。

A.插入排序　　B.选择排序　　C.快速排序　　D.归并排序

（3）二分查找和二叉排序树时间性能（　　）。

A.相同　　B.不同

（4）在一个有向图中，所有顶点的入度之和等于所有顶点的出度之和的（　　）倍。

A.1 / 2　　B.1　　C.2　　D.4

（5）深度为 5 的二叉树至多有（　　）个结点。

A.16　　B.32　　C.31　　D.10

（6）顺序表只能用（　　）存储结构存储。

A.顺序和链表　　B.顺序

C.散列　　D.链表

（7）有拓扑排序的图，一定是（　　）。

A.有圈图　　B.无圈图任意图

C.无向图　　D.无圈强连通图

（8）顺序栈是空栈的条件是（　　）。

A.top=0　　B.top=1

C.top=-1　　D.top=m

（9）判定树中仅（　　）结点包含一个条件。

A.非终端　　B.终端

C.根　　D.所有

（10）索引无序文件是指（　　）。

A.主文件无序、索引表有序

B.主文件有序、索引表无序

C.主文件有序，索引表有序

D.主文件无序，索引表无序

3．简答题：（共 30 分）

（1）简述下列概念：数据元素、数据类型、数据结构、逻辑结构、存储结构、线性结构、非线性结构。（14 分）

（2）阅读算法，回答问题（每小题 8 分，共 16 分）

1）Void AE(Stack&s)

```
{
  InitStack(s);
  Push(s,30);
  Push(s,40);
  Push(s,50);
  int x=Pop(s)+2*Pop(s);
  Push(s,x);
  int i,a[4]={5,8,12,15};
  for(i=0;i<4;i++)      Push(s,a[i]);
  while(!StackEmpty(s)) cout<<Pop(s)<<";
}
```

写出此算法被调用后的输出结果。

2）Void AJ(adjlist GL,int i,int n)

```
{
```

```
Queue Q;
InitQueue(Q);
Cout<<i;
Visited[i]=true;
Qinsert(Q,i);
while(!QueueEmpty(Q)){
int K=Qdelete(Q);
edgenode*p=GL[K];
whule(p!=NULL)
{
int j=p→adjvex;
if(!visited[j]){
cout<<j;
Visited[j]=true;
Qinsert(Q,j);
}
p=p→next;
}
}
}
```

简述此算法的功能。

4．基本编程题：（每小题 10 分，共 30 分）

（1）假定在学生的档案中含有姓名、学号、年龄、性别。如采用线性表作为数据结构来实现档案管理问题，分别给出线性表在顺序实现下的类型定义和在链接实现下的类型定义。

（2）有向图 G 以邻接表存储，写出利用深度优先搜索，判断图 G 中，从 V_i 到 V_j 是否有路径的算法。

（3）假设一个算术表达式中包含圆括弧.方括弧和花括弧 3 种类型的括弧，编写一个判别表达式中括弧是否正确配对的函数 Correct(exp,tag)；其中：exp 为字符串类型的变量，表示被判别的表达式，tag 为布尔型变量。

5．综合算法题：（10 分）

已知一个以 head 为表头指针，结点中数据域的值为整数的线性表已存入内存。试将其数据域的值除以 3，得到的余数或为 0，或为 1，或为 2，按此三不同的情况，把原来的链表分解为 3 个不同的线性链表。要求这 3 个线性链表均带有表头结点且表头结点中数据域为该链表的结点个数。

第十一套习题

1．填空：（共 10 分）

（1）栈结构通常采用两种存储结构是＿＿＿＿＿＿＿和＿＿＿＿＿＿＿。

（2）外部排序的基本方法是＿＿＿排序。

（3）两个串相等的充分必要条件是＿＿＿＿＿＿＿＿＿＿＿＿＿＿＿＿。

（4）设 n 行 n 列的下三角矩阵 A 已压缩到一维数组 S[1…n*(n+1)/2]中，若按行序为主存储，则 A[I,j]（i≥j）对应的 S 中的存储位置是＿＿＿＿＿＿＿＿。

（5）稀疏矩阵的三元组中，各三元组的第一个数据按＿＿＿顺序排列。

（6）有 20 个结点的完全二叉树，编号为 10 的结点的左儿子结点的编号是＿＿。

（7）哈夫曼(Hafuman)编码常用于通信编码。在哈夫曼编码中频度＿＿＿的字符的编码较短。

（8）无向图的邻接矩阵表示法中，i 行 j 列为 1，则表示 Vj 和 Vj 两点之间＿＿＿。

（9）动态查找表的运算比静态查找表的运算多的 3 个运算是＿＿＿＿＿＿＿＿＿＿。

（10）散列存储中，处理冲突的方法可分为＿＿＿＿和＿＿＿＿两类。

（11）顺序文件的主要优点是＿＿＿＿＿＿＿＿＿＿＿，适宜于顺序存取和成批处理。

2．选择题：（每小题 2 分，共 20 分）

（1）下列排序方法中（　　）是稳定的排序方法。

A.直接选择排序　　B.堆排序

C.快速　　D.归并排序

（2）同一数组的各元素的长度（　　）。

A.必须相同　　B.不必相同

C.不能相同　　D.不定

（3）将递归算法转换成非递归算法时，通常需要使用（　　）。

A.数组　　B.栈

C.广义表　　D.树

（4）稀疏数组 A[1:5,1:5]有 5 个非零元素，它的三元数组是（　　）的数组。

A.3 行 5 列　　B.5 行 5 列

C.5 行 3 列　　D.3 行 3 列

（5）动态查找包括（　　）的查找。

A.有序表　　B.顺序表

C.索引顺序表　　D.二叉排序树

（6）无向图 g 中有 n 条边，则其邻接矩阵中有（　　　）个 1 。

A.2n　　　　B.n

C.n/2　　　　D.n+1

（7）直接选择排序的方法是（　　　）的排序方法。

A.稳定　　　　B.不稳定

C.外部　　　　D.目前已知最快

（8）在顺序文件中，所有逻辑记录在存储介质中的实际顺序与它们进入存储器的顺序（　　　）。

A.一致　　　　B.不一致

C.无关　　　　D.不能一致

（9）下列是静态查找的是（　　　）查找。

A.散列　　　　B.平衡二叉树

C.二叉排序树　　　　D.索引顺序表

（10）算法能正确的实现预定功能的特性称为（　　　）。

A.正确性　　　　B.易读性

C.健壮性　　　　D.高效率

3．简答题：（每小题 6 分，共 3 0 分）

（1）简述顺序存储结构与链式存储结构在表示数据元素之间关系上的主要区别。

（2）对于一个栈，给出输入项 A，B，C。如果输入项序列由 A，B，C 所组成，试给出全部可能的输出序列。

（3）试证明：任一棵高度为 $h>1$ 的二叉树，其内部结点（除根、叶子之外的结点）的数目小于 $2^{h-1}-1$,而叶子结点数目小于或等于 2^{h-1}。

（4）简述 VSAM 文件的组织方式和结构。

（5）已知广义表 L＝((a,b),(c,(d,(e))),f)。

1）试利用广义表取表头 head(L)和取表尾 tail(L)的基本运算，将原子 c 从上述广义表中分解出来，请写出运算表达式。

2）请给出下列表达式的运算结果。

head (tail(head(tail(L))))

tail (tail(head(L)))

4．基本编程题：（每小题 10 分，共 30 分）

（1）设二叉树用二叉链表结构存储，请写出一个递归算法，实现判断二叉树 t 是否为小根堆所对应的二叉树的函数。

（2）若矩阵 A[m×n]中的某个元素 A[i,j]是第 i 行中的最小值，同时又是第 j 列中的最大值(1≤i≤m,1≤j≤n)，则称此元素为该矩阵中的一个马鞍点。设矩阵用二维数组存储，试编写求矩阵中的所有马鞍点的算法。

（3）采用顺序存储方式存储串，编写一个函数计算一个子串在一个字符串中出现的次数，如果该子串不出现则为 0 。

5．综合算法题：（10 分）

编写一个双向冒泡排序算法，即相邻两趟向相反方向起泡。

第十二套习题

1．填空题：（每小题 1 分，共 10 分）

（1）从数据结构 S 中修改结构中某指定结点内容的运算是________。

（2）存储空间长度为 M 的循环队列 sq 是满队列的条件是________________________。

（3）一个队列的入队序列是 a、b、c、d，则队列的输出序列为________。

（4）在进行函数调用时，需要把每个实参的值和调用后的____________传送给被调用的函数中。

（5）有一个 10 阶对称矩阵 A，采用压缩存储方式（以行序为主存储，且 A[1,1]的地址为 1），则 A[8,5]的地址是______。

（6）广义表((a),((b),c),(d))的表头是____，表尾是__________________________。

（7）有 20 个结点的完全二叉树，编号为 10 的结点的父结点的编号是______。

（8）有 n 个顶点的无向完全图__________条边。

（9）散列查找是按键值的____________值确定列表中的位置，进行存储或查找。

（10）在顺序文件中，所有逻辑记录在存储介质中的实际顺序与它们进入存储器的顺序______。

2．选择题：（每小题 2 分，共 20 分）

（1）算法分析的目的是（　　）。

A.找出数据结构的合理性

B.研究算法中的输入 / 输出关系

C.分析算法的效率以求改进

D.分析算法的易读性

（2）采用线性表表示一个向量时，要求占用的存储空间地址（　　）。

A.必须是连续的　　　　B.部分地址必须是连续的

C.一定是不连续的　　　　D.可连续可不连续

（3）元素 A . B . C . D 依次进入顺序栈后，栈底元素是（　　）。

A.A　　　　B.B

C.C　　　　D.D

（4）二叉树的运算 ROOT(BT)，是（　　）。

A.建立二叉树　　　　B.建立空二叉树

C.求二叉树的根结点　　　　D.删除二叉树的根结点

（5）有 N 个顶点的有向图的邻接矩阵是用（　　）数组存储。

A.N行N列　　　　　　　　　B.一维

C.任意行N列　　　　　　　　D.N行任意列

（6）设哈希表长 m=14,哈希函数 H(key)=key MOD 11。表中已有 4 个结点：addr(15)=4，addr(38)=5，addr(61)=6，addr(84)=7，其余地址为空，关键字为 49 的结点的地址是（　　　）。

A.9　　B.8　　C.3　　D.5

（7）文件在外存储器上的组织结构主要有顺序文件.散列文件和索引文件中的（　　　）种。

A.1　　B.2　　C.3　　D.任意 2

（8）冒泡排序方法是（　　　）的排序方法。

A.稳定　　　　　　　　　B.不稳定

C.外部　　　　　　　　　D.时间复杂度为 O(nlog n)

（9）有 n 条边的无向图C，它的邻接表中有（　　　）个边结点。

A.n　　B.2n　　C.n+1　　D.n-2

（10）同一栈内的各元素的长度（　　　）。

A.相等　　　　　　　　　B.不等

C.不必相等　　　　　　　D.不限制

3. 简答题：（每小题 6 分，共 30 分）

（1）算法的时间复杂度主要有哪几种？按从优到劣的顺序写出各种表示形式。

（2）如果二叉树有 n 个结点，试问：当执行中序遍历的递归程序时，在最坏情况下为处理递归调用所设的栈至少要有多少个单元才行？

（3）求按下标优先存储的四维数组顺序存储的地址计算公式。

（4）使用克鲁斯卡尔算法构造出如下图所示的无向图G的一棵最小生成树。

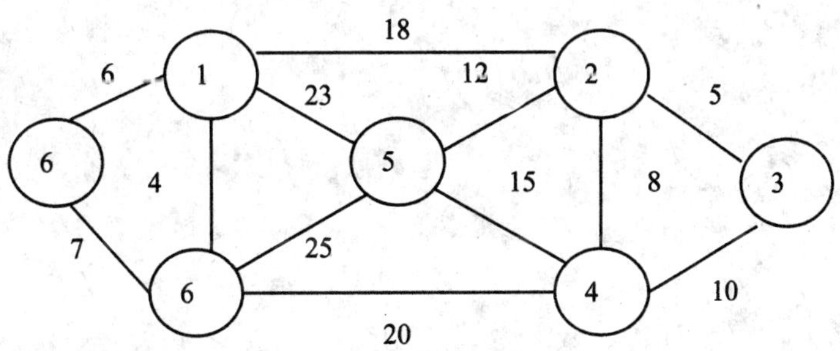

（5）简述磁带存储器与磁盘存储器的各自特点。

4．基本编程题：（每小题 10 分，共 30 分）

（1）用类 C 语言写出在链式存储条件下，删除单连表 L 中值大于 max 或小于 min 的元素的算法：

Delete(L,max,min)

（2）采用顺序存储方式存储串 S，编写一个函数删除 S 中第 i 个字符开始的 j 个字符。

（3）已知两个列表 L 和M，试写一算法判断两列表是否等同。“等同”的含义是指两个列表不仅结构相同，而且相应的信息也相同。

5．综合算法题：（10 分）

已知 A、B、C 是 3 个按值从小到大有序的单链表，对 A 表进行如下操作：删除那些既在 B 表又在 C 表中的元素。

第十三套习题

1．填空题：（每小题 1 分，共 10 分）

（1）从数据结构 S 中撤销结构中指定位置上结点的运算是______。

（2）算法分析的目的是分析算法的______以进行改进。

（3）通常单链表的头结点指的是______；单链表的首结点指的是______。

（4）从一个链栈中删除一个结点时，需要把栈顶结点的______域的赋给__________。

（5）在进行函数调用时，需要把每个实参的值和调用后的__________传送给被调用的函数。

（6）一个广义表中的元素分为____元素和____元素两类。

（7）初始化操作，INITIATE(BT)，操作后得到一个____二叉树。

（8）在一个具有 n 个顶点的无向完全图中，包含有________条边，在一个具有 n 个顶点的有向完全中，包含有________条边。

（9）归并排序要求参加归并的各组数据各自______。

（10）散列文件中的记录通常是成组存放的。若干的记录组成一个存储单位，称作____。

2．选择题：（每小题 2 分，共 20 分）

（1）在循环链表的一个结点中有（　　）个指针域。

A.1　　B.2　　C.0　　D.3

（2）在数据结构的讨论中，把数据结构从逻辑上分为（　　）。

A.内部结构与外部结构

B.静态结构与动态结构

C.线性结构与非线性结构

D.紧凑结构与非紧凑结构

（3）若串 a=‘abc’，b=‘ac’，则 a 串与 b 串的关系是（　　）。

A.相等　　B.a>b

C.a<b　　D.a>=b

（4）栈结构通常采用的存储结构是（　　）。

A.散列结构和索引结构

B.顺序结构和分支结构

C.线性结构和非线性结构

D.顺序存储结构和链表存储结构

（5）同一队列的各元素类型（　　）。

A.必须一致　　　　　　　　B.可以不一致

C.不能一致　　　　　　　　D.一致与否与队列存储结构有关

（6）队列是限定在（　　　）处进行删除操作的线性表。

A.端点　　　　　　　　B.队头

C.队尾　　　　　　　　D.中间

（7）事普里姆(Peim)算法是用来（　　　）。

A.求图中两顶点间的最矩路径

B.求图的最小生成树

C.求图中的一条关键路径

D.求图中一个顶点到其它各顶点的最短路径

（8）有N个顶点M条边的无向图的邻接矩阵有（　　　）。

A.N行N列　　　　　　　　B.M行M列

C.M行N列　　　　　　　　D.N行M列

（9）散列查找是由键值（　　　）确定散列表中的位置，进行存储或查找。

A.的散列函数值　　　　　　　　B.本身

C.平方　　　　　　　　D.除以某数的余数

（10）直接插入排序的方法要求被排序的数据（　　　）存储。

A.必须是顺序　　　　　　　　B.必须是链表

C.顺序或链表　　　　　　　　D.二叉树

3．简答题：（每小题6分，共30分）

（1）分析以下程序段的时间复杂度。

```
a=0;b=1;               ①
for (i=2;i<=n;i++)     ②
{
    s=a+b;             ③
    b=a;               ④
    a=s;               ⑤
}
```

（2）有哪几种链表？分别画出示意图，指出各链表空的条件。

（3）已知某系统在通信联络中只可能出现8个字符，其出现的权值是(5,29,7,8,14,23,3,11)，构造一个哈夫曼树，并为这8个字符设计哈夫曼编码。

（4）设模式串t=“abaabacababa”，试求出t的next和nextval函数值。

（5）用类C语言写出直接插入排序算法及类型说明。

4．基本编程题：（每小题 10 分，共 30 分）

（1）对于输入的一个字符串，检查字符串中是否含有圆括号，当圆括号匹配时，以逆序输出括号内的字符串，否则给出错误信息。例如，若输入为 abr(scdeft)xy，则输出为 tfedcs；若输入为 sypt(ab(edf)rt)wx，则输出为 fdetrba。

（2）假设二叉树采用链表存储结构，设计一个算法求二叉树中指定结点的层数。

（3）假设 L 为非递归并且不带共享子表的列表，试设计一个复制表 L 的算法。

5．综合算法题：（10 分）

试设计一个实现下述要求的查找函数 Locate，设有一个带表头结点的双向连表 L，每个结点有 4 个数数据成员；指向前驱结点的指针 llink 指向后继结点的指针 rlink，存放字符数据的成员 data 和访问频度 freq。所有结点的 freq 初始时都为 0。每当在链表上进行一次 Locate(L,X)操作时，令元素值为 X 的结点的访问频度 freq 加 1，并将该结点前移，连接到与它的访问频度相等的结点后面，使得链表中所有结点保持按访问频度递减的顺序排列，以使频繁访问的对点总是靠近表头。

第十四套习题

1．填空题：（每小题 1 分，共 10 分）

（1）向量，栈和队列都是______结构，可以在向量的______位置插入和删除元素；对于栈只能在______插入和删除元素；对于队列只能在______插入元素和______删除元素。

（2）可以使用______表示树形结构。

（3）在双向链表中，每个结点有两个指针域，一个指向__________，另一个指向__________。

（4）串的两种基本的存储方式是______________________________。

（5）二维数组 A[10、20]采用列序为主方式存储，每个元素占一个存储单元，并且 A[1、1]的存储地址是 200，则 A[6,12]的地址是______。

（6）广义表(a,(a,b),d,e,(I,j),k)的长度是____，深度是____。

（7）堆排序的方法是________的排序方法（填“稳定”或“不稳定”）。

（8）在分块查找方法中，首先查找____，然后再查找相应的____。

（9）在对一组记录（54,38,96,23,15,72,60,45,83）进行直接插入排序时，当把第 7 个记录 60 插入到有序表时，为寻找插入位置需比较____次。

（10）树索引文件的特点是______________________________。

2．选择题：（每小题 2 分，共 20 分）

（1）一个栈的入栈序列是 a、b、c、d、e，则栈的不可能的输出序列是（　　）。

A.edcba　　B.decba

C.dceab　　D.abcde

（2）判定一个队列 Q（最多元素为 m_o）为满队列的条件是（　　）。

A.rear-front=m_o　　B.rear-front-1=m_o

C.front=rear　　D.front=rear+1

（3）设有两个串 p 和 q，求 q 在 q 中首次出现的位置的运算称作（　　）。

A.连接　　B.模式匹配

C.求子串　　D.求串长

（4）若采用三元组压缩技术存储稀疏矩阵，只要把每个元素的行下标和列下标互换，就完成了对该矩阵的转置运算，这种观点（　　）。

A.正确　　B.错误

（5）递归函数 f(n)=f(n-1)+n(n>1)的递归体是（　　）。

A.f(1)=0　　B.f(0)=1　　C.f(n)=f(n-1)+n　　D.f(n)=n

（6）二叉树按某种顺序线索化后，任一结点均有指向其前趋和后继的线索，这种说法（　　）。

A.正确　　B.错误

（7）设n，m为一棵二叉树上的两个结点，在中序遍历时，n在m前的条件是（　　）。

A.n在m的各方　　B.n是m的祖先

C.n在m的左方　　D.n是m的子孙

（8）具有6个顶点的无向图至少有（　　）条边才能确保是一个连通图。

A.15　　B.7　　C.6　　D.5

（9）采用顺序查找方法查找长度为 n 的线性表时，每个元素的平均查找长度为（　　）。

A.n　　B.n/2　　C.(n+1)/2　　D.(n-1)/2

（10）在所有排序方法中，关键字比较的次数与记录的初始排列次序无关的是（　　）。

A.希尔排序　　B.起泡排序

C.插入排序　　D.选择排序

3．简答题：（每小题6分，共30分）

（1）用链表所表示的元素是否是有序的？如有序，则有序性体现在何处？链表所表示的元素，是否一定要在物理上是相邻的？有序表之有序性又如何理解？

（2）给出有序表D={6,87,155,188,220,465,505,511,586,656,670,700,766,897,908}，用二分查找法在D中查找586，试填写下列表格表示出查找过程。

	初始值	第1趟	第2趟	第3趟
Low				
Hig				
mid				
r.item[mid].key				

（3）什么是排序的稳定性？给出各种排序算法的稳定性。

（4）设 n_0 为哈夫曼树的叶子结点数目，简要推出该树上有多少个结点。

（5）已知一组关键字K={20,15,4,18,9,25,12,3,22}，请判断此序列是否为堆？如果不是，请调整为堆。

4．基本编程题：（每小题10分，共30分）

（1）用类C语言写出在链式存储条件下，删除单链表L中值相同的多余元素（使链表中元素的值均不相同）的算法：Delete(L)

（2）试设计多个栈共享空间并使用链式存储结构时的公用操作pushi(I,x)和Popi(i)，其中 i=1,2,…n。

（3）编程计算 $S=a^1+a^2+\ldots+a^n$ 之值，其中 a 为一个浮点数，n 为正整数，均由键盘输入。

5．综合算法题：（10 分）

以邻接表为存储结构，利用 DFS 搜索策略编写一个算法，求图中从顶点 u 到 v 的一条简单路径，并输出该路径。

第十五套习题

1. 填空：(10 分)

(1) 向一个长度为 n 的向量的第 i 个元素(1≤i≤n+1)之前插入一个元素时，需向后移动__________个元素。

(2) 单链表是______的链接存储表示。

(3) 设 s=‘1␣AM␣ATEACHER’，其长度是______。

(4) 空串是________________，其长度等于____。

(5) 已知二维数组 A[m,n]采用行序为主方式存储，每个元素占 K 个存储单元，并且第一个元素的存储地址是 Loc(A[1,1])，则 A[i,j]的地址是____________________________。

(6) 广义表(((a)))的表头是______，表尾是______。

(7) 将 f=1+1/2+1/3+…+1/n 转化成递归函数，其递归出口是__________，递归体是____________________。

(8) 指出树和二叉树的两个主要差别_____，_____。

(9) 根据二叉树的定义，具有三个结点的二叉树有______种不同的形态，它们分别是__________。

(10) 在各种查找方法中，平均查找长度与结点个数 n 无关的查找方法是____________。

2. 选择题：(20 分)

(1) 一个向量第一个元素的存储地址是 100，每个元素的长度为 2，则第 6 个元素的地址是（　　）。

A.110　　B.108　　C.100　　D.120

(2) 不带头结点的单链表 head 为空的判定条件是（　　）。

A.head==NULL　　B.head→next==NULL

C.head→next==head　　D.head!=NULL

(3) 空串与空格串是相同的，这种说法（　　）。

A.正确　　B.不正确

(4) 设串 s1=‘ABCDEFG’，s2=‘PQRST’，函数 com(X,Y)返回 x 和 y 串的连接串，subs(s,I,j)返回串 s 的从序号 i 的字符开始的 j 个字符组成的子串，ten(s)返回串 s 的长度，则 com(subs(s1,2,len(s2)),subs(s1,len(s2),2))的结果串是（　　）。

A.BCDEF　　B.BCDEFG

C.BCPQRST　　D.BCDEFEF

(5) 数组通常具有的两种基本操作是（　　）。

A.建立与删除　　B.索引和修改

C.查找和修改　　　　　D.查找与索引

（6）广义表((a)，a)的表头是（　　），表尾是（　　）。

A.a　　B.b　　C.(a)　　D.((a))

（7）已知函数 f(n)=1+2+…+n，(n≥1)如果用递归函数表示，则其递归出口是（　　）。

A.f(1)=0　　B.f(1)=1　　C.f(0)=1　　D.f(n)=n

（8）如图所示的 4 棵二叉树，（　　）是平衡二叉树。

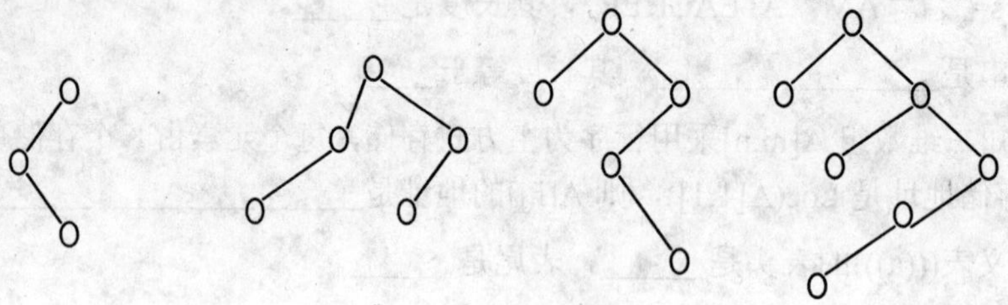

A　　B　　C　　D

（9）在一个有向图中，所有顶点的入度之和等于所有顶点的出度之和的（　　）倍。

A.1 / 2　　B.1　　C.2　　D.4

（10）顺序查找法，适合于存储结构为（　　）的线性表。

A.散列存储　　　　B.顺序存储或链接存储

C.压缩存储　　　　D.索引存储

（11）下列几种排序方法中，平均查找长度最小的是（　　）。

A.插入排序　　　　B.选择排序

C.快速排序　　　　D.归并排序

3．简答题：（每小题 6 分，共 30 分）

（1）对于有 n 个顶点的无向图，采用邻接矩阵表示，如何判断以下问题：图中有多少条边？任意两相顶点 i 和 j 之间是否有边相连？任意一个顶点的度是多少？

（2）已知一棵二叉树的前序遍历的结果是 ABECDFGHIJ，中序遍历的结果是 EBCDAFHIGJ，试画出这棵二叉树。

（3）设有一个二维数组 A[m][n]按行序为主方式存储，假设 A[0][0]存放位置在 $644_{(10)}$，A[2][2]存放位置在 $676_{(10)}$，每个元素占一个空间，问 A[3][3] $_{(10)}$存放在什么位置？脚注$_{(10)}$表示用 10 进制表示。

（4）写出下列中缀表达式的后缀形式：

1）A*-B+C

2）A*B*C

3）-A+B-C+D

（5）设 A={1,2,3}，B={3,4,5}，求下列结果：

1）A*B

2）A-B

3）A+B

4．基本编程题：（每小题 10 分，共 30 分）

（1）有两个带头结点的循环单链表 LA，LB 编写一个算法，将两个循环单链表合并为一个循环单链表，其头指针为 LA。

（2）写出在顺序存储结构下，从大到小的插入排序算法。

（3）采用链式存储方法，编写建立一个无向图的正向邻接表算法。

5．综合算法题：（10 分）

假设图采用邻接表存储，编写一个函数利用深度优先搜索方法求出无向图中通过给定点V的简单回路。

第十六套习题

1．填空（每小题 1 分，共 10 分）

（1）从数据结构 S 中读出结构中指定位置上内容的运算是________。

（2）在单链表中，设置头结点的作用是在插入或删除首先结点时不必对______进行处理。

（3）队列出队的那端是______。

（4）数据元素可以由若干个________组成。

（5）顺序 S 栈存储在数组 Ss->data[0…max]中，S 栈空时，Ss->top= ______。

（6）同一个父结点的各结点之间称为________结点。

（7）在下列有问图中：

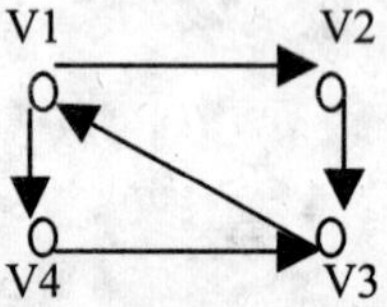

1）该图是强连通图向吗？__________。若不是，则给出强连通分量。

2）请给出两个有环：______、______。

3）请给出每个顶点的入度和出度。

（8）有序表上查找的前提条件是查找表是________的。

（9）快速排序的方法是______的排序方法（填“稳定”或“不稳定”）。

（10）文件存储在外存设备的基本单位称为______记录。

2．选择题（每小题 2 分，共 20 分）

（1）冒泡排序算法是（　　）的排序方法。

A.不稳定的　　　　B.目前已知最快的

C.平均时间复杂度为 $O(n^2)$　　　　D.最好时间复杂度为 $O(n^2)$

（2）线性表 L，经运算 lnitiate(L)后，函数 Empty(L)的值是（　　）。

A.0　　　　B.false

C.1　　　　D.null

（3）在下列关于串的叙述中，正确的是（　　）。

A.串长度是指串中不同字符的个数

B.串是 n 个字母的有限序列(n≥0)

C.如果两个串含有相同的字符，则它们相等

D.只有当两个串的长度相等，并且各个对应位置的字符都相等时才相等

（4）存放循环队列 sq 元素的数组 data 有 10 个元素，sq->front 为 q，队列的头元素的位置在（　　）。

A.9　　B.0

C.1　　D.10

（5）栈是限定在（　　）处进行插入或删除操作的线性表。

A.端点　　B.栈底

C.栈顶　　D.中间

（6）树的运算 CHILD(T,X,I)是（　　）。

A.将 X 结点作为 T 结点的儿子结点

B.将 T 结点作为 X 结点的儿子结点

C.删除 T 的儿子结点

D.求 X 结点的儿子结点

（7）无向图中顶点 V 的度是关联于该顶点（　　）的数目。

A.边　　B.顶点

C.序号　　D.下标

（8）在查找表中找到一个关键值等于给定值 K 的数据元素，称为（　　）。

A.成功查找　　B.不成功查找

C.插入　　D.查找

（9）直接插入排序的方法是从第（　　）个元素开始，插入前边适当位置的排序方法。

A.1　　B.2

C.3　　D.n

（10）存放在外存的数据的组织结构是（　　）。

A.数组　　B.表

C.文件　　D.链表

3．简答题：（每小题 6 分，共 30 分）

（1）分别画出线性表 L=(a,b,c)存储在单链表.循环链表.双向循环链表中的示意图。

（2）已知函数**式中，n 为正整数。写出求 F(n)值的递归算法。

（3）写出下列广义表的表头和表尾：

1）(　);　　2）(a);

3）((a));　　4）((a,b));

5）(a,b,c)；　　6）(a,(b,c,d))；

7）(( ))；　　8）(( ),( ))；

（4）说明堆和二叉排序树之间的差别。

（5）对于一个连通图，如果想求得一个以某个给定顶点为根且高最小的生成树，应采用什么方法？如果想求得一个以某个给定顶点为根且高度最大的生成树，又应采用什么方法？

4．基本编程题：（30 分）

（1）使用 C 语言编写一个算法，判断用向前链表表示的链队 Lq 中包含元素个数的算法。

QueueLength(Lq)

（2）若线性表中的元素以值递增有序排列，且用带头结点的单链表存储。试写出一个高效算法用来删除表中所有值大于 mink 且小于 maxk 的元素（表中有这样的元素时），并说明该算法的时间复杂度。（mink 和 maxk 是给定的两个参变量，它俩的值可认定为任意的整值）。

（3）假设二叉排序树 t 的各元素值均不相同，设计一个算法按递增次序打印各元素值。（10 分）

5．综合算法题：（10 分）

背包问题。设有一个背包，可以放入物品的重量为 s。现有 n 件物品，重量分别为 w[0],w[1],…w[(n-1)]，问：能否从这 n 件物品中选择若干件放入此背包中使得放入的重量之和正好等于 s。如果存在一种符合上述要求的选择，则称此背包问题有解，否则，称此背包问题无解。

（1）给出此问题的递推定义式。

（2）给出求解此问题的递归算法。

第十七套习题

1．填空（每题 1 分，共 10 分）

（1）一个算法的空间复杂性是指该算法在运行过程中临时占用的__________的大小。

（2）在单链表中，除首结点外，任意结点的存储位置都由其____________结点中的指针指示。

（3）设 S1=“Good”，S2=“ ”，S3=“BYE!”，则 S1，S2 和 S3 连接后的结果是__________。

（4）顺序栈 S 存储在数组 Ss->data[0…max]中，S 栈满时，Ss->top= = __________。

（5）链栈 Ls 是空栈的条件是________________。

（6）二叉树结点的子树有______之分。

（7）有向图边的起始点称为__________。

（8）用来标识数据元素的数据项称为__________。

（9）写出 3 种不稳定的排序方法的名称______。

（10）文件的存储结构包括 4 种：顺序组织、索引组织、散列组织和______组织。

2．选择题：（每小题 2 分，共 20 分）

（1）数据结构有（　　）种基本逻辑结构。

A.1　　B.2

C.3　　D.4

（2）线性表中（　　）有一个直接前驱和一个直接后继。

A.首元素　　B.尾元素

C.中间的元素　　D.所有的元素

（3）设串 s=“ABCBG”，len(s)返回串 s 的长度，则 len(s)是（　　）。

A.2　　B.4

C.5　　D.6

（4）同一栈内各元素的类型（　　）。

A.必须一致　　B.可以不一致

C.不能一致　　D.一致与否和具体的类型有关

（5）初始化一个空间大小为 5 的顺序栈 Ss 后，Ss->top 的值（　　）。

A.0　　B.不定

C.不再改变　　D.动态变化

（6）叶结点个数比度为 2 的结点的个数多一个，该性质适用于（　　）。

A.完全二叉树　　　　B.满二叉树

C.树　　　　D.所有二叉树

（7）下列图中：

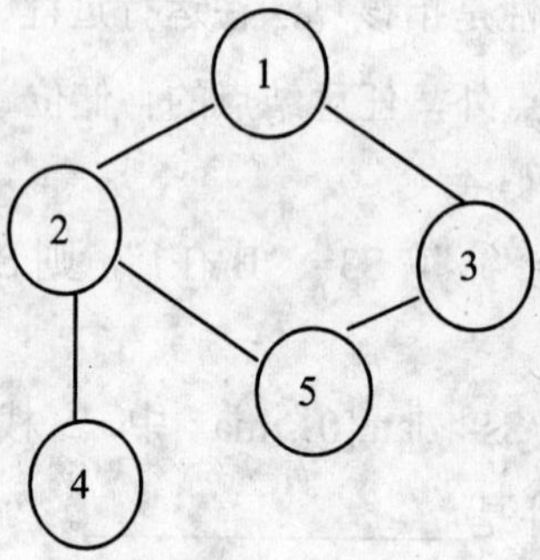

1）度为 3 的结点是（　　）。

A.V_1　　　　B.V_2

C.V_3　　　　D.V_4

2）该图是（　　）。

A.连通图　　　　B.强连通图

C.生成树　　　　D.无环图

（8）稀疏矩阵一般的压缩有储方法有两种，即（　　）。

A.二维数组和三维数组　　　　B.三元组和散列

C.三元组和十字链表　　　　D.散列和十字链表

（9）稳定的排序方法是指在排序中，关键字值相等的不同记录间的前后相对位置（　　）。

A.保持不变　　　　B.保持相反

C.不定　　　　D.无关

（10）文件的修改运算（　　）。

A.插入、查找　　　　B.删除、插入、检索

C.插入、更新、索引　　　　D.插入、删除、更新

3．简答题：（每小题 6 分，共 30 分）

（1）已知一个栈 s 的输入序列为 abcd，下面两个序列能否通过栈的 PUSH 和 POP 操作输出，如果能，请写出操作序列，如果不能，请说明原因。

①dbca　　②cbda

（2）简述数据与数据元素的关系与区别。

（3）有如图所示的一棵树，将它转换成对应的二叉树。

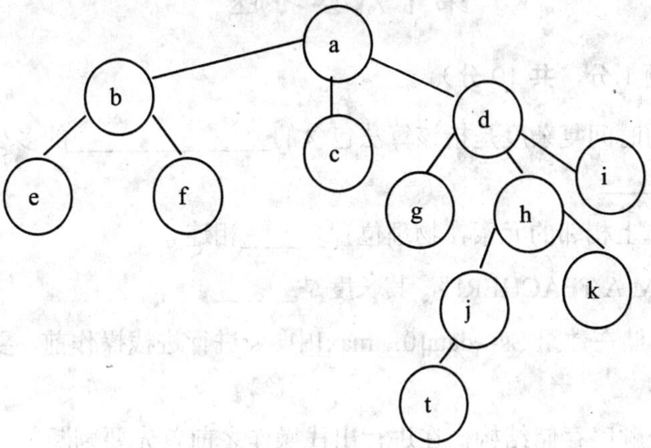

（4）有 3 种存储稀疏矩阵的方法，即

1）十字链表示法。

2）二维数组表示法。

3）三元组表示法。

现有一个 m×n 阶稀疏矩阵，其非零值元素数为 p，假设用上述 3 种表示法，每个域（值和指针）均占用 2 个字节的空间，而且头结点和非头结点有相同的结构。请给出用上述 3 种表示法表示该矩阵时各自所需存储空间的字节数目。

（5）求出模式“aaababcaabbcc”的 next[j]值。设模式串下标 j 从 0 开始。

4．基本编程题：（每小题 10 分，共 30 分）

（1）用类 C 语言写出在顺序存储条件下，将线性表 L 中的第 i 个元素删除的算法：DELETE(L,i)

（2）若 x 和 y 是两个单链表存储的串，试设计一个算法，找出 x 中第一个不在 y 中出现的字符来。

（3）编写一个函数，对于给定的有向图的邻接矩阵，计算每对顶点之间的最短路径。

5．综合算法题：（10 分）

编写二叉排序树的递归和非递归查找算法。

第十八套习题

1．填空（每小题 1 分，共 10 分）

（1）一个算法的时间复杂度是指该算法包含的______________的多少；它是一个算法运行时间的____________。

（2）链表中逻辑上相邻的元素在物理位置______相连。

（3）设 s=“I AM A TEACHER!”，其长度是______。

（4）顺序栈 s 存储在数组 Ss->data[0…max]中，s 进行进栈操作前，要执行的语句序列中有 Ss->top____运算。

（5）已知栈 s 是顺序存储结构，在进行出栈操作之前首先要判断________。

（6）二叉树第 i 层上至多有______个结点。

（7）有向图边的终点称为______。

（8）静态查找的运算包括________________________。

（9）在排序时，关键字值相等的不同记录间的前后相对位置______的排序方法称为稳定的排序方法。

（10）文件的修改运算包括插入、删除和______运算。

2．选择题：（每小题 2 分，共 20 分）

（1）逻辑关系是指数据元素的（　　）。

A.关联方式　　B.存储方式

C.结构　　D.数据项

（2）广义表((a,(b,c,d)))的表尾是（　　）。

A.a　　B.(b,c,d)

C.(a,(b,c,d))　　D.(　)

（3）串的长度是（　　）。

A.串中不同字母的个数

B.串中不同字符的个数

C.串中所含字符的个数，且大于 0

D.串中所含字符的个数

（4）采用二分查找方法查找长度为 n 的线性表时，每个元素的平均查找长度为（　　）。

A.$O(n^2)$　　B.$O(n\log_2 n)$

C.$O(n)$　　D.$O(\log_2 n)$

（5）栈与一般线性表的区别主要在于（　　）。

A.元素个数　　B.元素类型

C.逻辑结构　　D.插入、删除元素的位置

（6）树结构属于（　　）结构。

A.集合　　B.线性

C.层次　　D.网状

（7）在如下所示的各无向图中，无环连通图为（　　）。

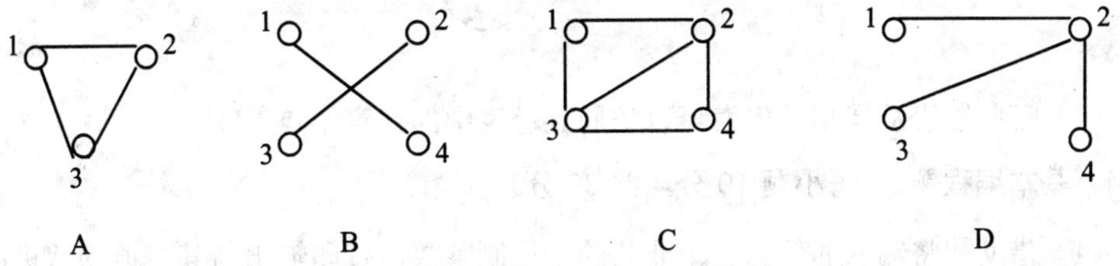

（8）查找表是以（　　）为核心运算。

A.查找　　B.插入

C.计算　　D.删除

（9）内部排序是根据关键字的大小重新安排各（　　）的顺序。

A.关键字　　B.数据项

C.文件　　D.数据元素

（10）文件的检索运算（　　）。

A.只有顺序存取

B.只有直接存取

C.只有按关键字存取

D.包括顺序存取，直接存取，按关键字存取

3．简答题：（每小题 6 分，共 30 分）

（1）3 个结点可以组成哪几种形态的二叉树？

（2）利用串的最基本操作写出串的定位函数。

（3）写出 1，2，3，…n 的几个数累加的递推定义式。

（4）用宽度优先搜索和深度优先搜索对下图所示的无向图 G 进行遍历（从顶点 1 出发），给出遍历序列。

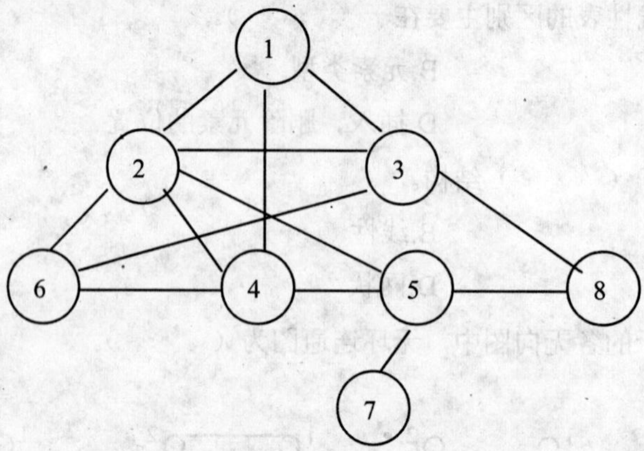

（5）哪些链表从尾指针出发可以访问到链表中的任意结点？

4．基本编程题：（每小题 10 分，共 30 分）

（1）借助栈将输入的任意一个非负的十进制整数，打印输出与其等值的八进制数。

（2）设计一个算法，将数组 A[0…n-1]中的元素循环右移 K 位，要求只用一个元素大小的附加存储空间。

（3）给出在递增有序表 A[1…n]中采用二分查找算法查找值为 x 的元素的递归算法。

5．综合算法题：（10 分）

设广义表采用原子和子表存储结构，编写查找广义表中原子数据元素 x 的算法。

第十九套习题

1．填空：（每小题 1 分，共 10 分）

（1）在数据结构 S 中的某指定位置上增加一个新结点的运算是______。

（2）顺序表中逻辑上相邻的元素在物理位置上______相连。

（3）串的紧缩存储方式是在一个存储单元中存放多个字符，紧缩方式可以占用______的存储空间，但串的运算要花费______的时间。

（4）顺序栈 s 存储在数组 Ss->data[0…max]中，s 进行出栈操作后，要执行的语句序列中有 Ss->top_____。

（5）已知顺序栈 s，在对 s 进行进栈操作之前首先要判断________。

（6）树形结构和图形结构统称为__________。

（7）有向图的边也称为____。

（8）在散列函数 H(key)=key MOD P 中，P 最好取__________。

（9）排序是将一组任意排列的数据元素元素按______的值从小到大或从大到小重新排列成有序的序列。

（10）顺序文件中物理记录的顺序和__________记录的顺序是一致的。

2．选择题：（每小题 2 分，共 20 分）

（1）数据表示是指数据（　　　）。

A.书写在纸上　　　　B.从机外转入机内

C.磁盘中的数据　　　　D.光盘中的数据

（2）线性表中各元素之间的关系是（　　　），

A.层次　　　　B.网状

C.有序　　　　D.集合

（3）设串 s=“ABCDEFG”，subs(s,I,j)返回串 s 中从第 i 个字符开始的 j 个字符组成的子串，则 subs(s,3,3)的结果串是（　　　）。

A.ABC　　　　B.CDE

C.DEF　　　　D.ERG

（4）数组 A 中，每个元素 A 的长度为 3 个字节，行下标入 i 从 1 到 8，列下标 j 从 1 到 10，从首地址 SA 开始连续存放在存储器内，存放该数组至少需要的单元数是（　　　）。

A.80　　　　B.100

C.240　　　　D.270

（5）在栈顶一端可进行的全部操作是（　　　）。

A.插入　　　　B.删除

C.插入和删除　　　　　　　　D.进栈

（6）3 个结点可以构成（　　）种不同形状的二叉树。

A.1　　B.2　　C.3　　D.5

（7）要在向无环图中寻找一条最长的路径，可以采用（　　）

A.求关键路径的方法　　　　　B.求最短路径的 Dijkstra 方法

C.广度优先遍历算法　　　　　D.深度优先遍历算法

（8）存放在内存中的数据的组织结构是（　　）。

A.数组　　　　　　　　　　　B.表

C.文件　　　　　　　　　　　D.链表

（9）排序是根据（　　）的大小重新安排各元素的顺序。

A.数组　　　　　　　　　　　B.关键字

C.元素　　　　　　　　　　　D.结点

（10）文件的逻辑记录是（　　）的基本存取单位。

A.存储在外存　　　　　　　　B.数据

C.用户观点　　　　　　　　　D.存储结构

3．简答题：（每小题 6 分，共 30 分）

（1）简述逻辑结构与存储结构的关系。

（2）试比较顺序文件、索引文件和索引顺序文件的主要特点。

（3）使用普里姆算法构造出如下图所示的无向图 G 的一棵最小生成树。

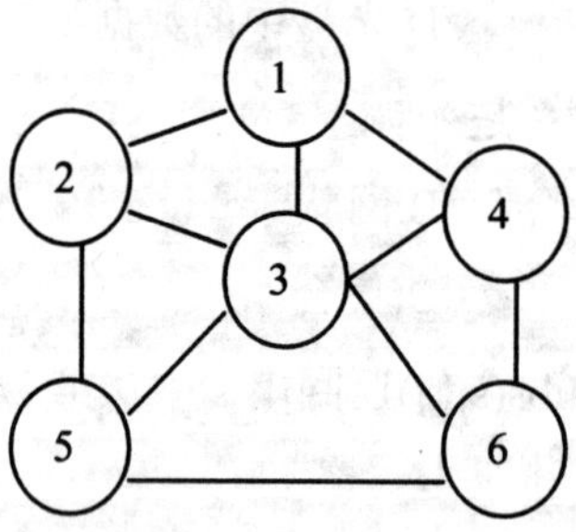

（4）串是由字符组成的，长度为 1 的串和字符是否概念相同？为什么？

（5）简述栈的特点及与一般线性表的区别。

4．基本编程题：（每小题 10 分，共 30 分）

（1）设二叉树以二叉链表为存储结构，每个结点的数据域存储一个整数，编写算法，统计二叉树中数据域为 0 的结点的个数。

（2）一个 m×n 阶的稀疏矩阵 A,将其转置为 n×m 的稀疏矩阵 B，即 A[I,j]=B[j,i]，1

≤i≤m，1≤j≤n。当 A 用三元组表 a.data 表示时，如下图所示，求用以列为先的顺序转置成稀疏矩阵 B 的三元组表 b.data 的算法。

0	8	6	7
1	1	2	5
2	1	5	3
3	3	1	1
4	3	3	3
5	5	3	−1
6	8	2	1
7	8	6	−1

（3）McCathy 函数定义如下：

$$M(x)=\begin{cases} x-10, x>100 \\ M(M(x+11)), x\leqslant 100 \end{cases}$$

编写一个递归函数计算给定 x 的 M(x)值。

5．综合算法题：（10 分）

某百货公司仓库中电视机的价格和数量信息，按其价格从低到高存储在一个带头结点的循环链表中。链表中的结点由价格.数量和链指针 3 个域组成：

cost	Num	next

现新到 m 台价格为 c 的电视机需入库，试为此编写修改循环链表中存储的电视机信息的算法，进行算法分析。

第二十套习题

1．填空（每小题 1 分，共 10 分）

（1）从数据结构 S 中找出满足条件的结点在 S 中位置的运算是______。

（2）在双链表中，每个结点有两个指针域，一个指向__________，另一个指向____________。

（3）若一个串的长度小于一个常数，则采用______________存储方式最节省空间。

（4）顺序栈 S 存储在数组 Sq->data[0…max]中，S 栈满的条件是______________________。

（5）对链栈 Ls，指向栈顶元素的指针是____________。

（6）树中没有父结点的结点称为________结点。

（7）Dijkstra 算法用于求图中某一顶点__________。

（8）若二维数组 A[m][n]中有 t 个非零元素，且 k<<m*n，则称 A 为________。

（9）在插入排序、希尔排序、选择排序、快速排序、堆排序、归并排序和基数排序中，排序是不稳定的有__________、____________、__________________。

（10）文件是由特性相同的______构成的集合。

2．选择题（每小题 2 分，共 20 分）

（1）数据元素是数据的基本单位，其内（　　）数据项。

A.只能包括一个　　B.不包含

C.可以包含多个　　D.可以包含也可不包含

（2）从一个具有 n 个结点的单链表中，查找其值等于 x 的结点时，在查找成功的情况下，需平均比较（　　）个结点。

A.n　　B.n/2

C.(n-1)/2　　D.(n+1)/2

（3）设有两个串 p 和 q，q 在 p 中首次出现的位置的运算称作（　　）。

A.连接　　B.模式匹配

C.求子串　　D.求串长

（4）4 个元素进 X 栈的顺序是 A、B、C、D，进行两次 Pop(q,x)操作后，栈顶元素的值是（　　）。

A.A　　B.B

C.C　　D.D

（5）一个顺序栈一旦说明，其占用空间的大小（　　）。

A.已固定　　B.可以改变

C.不能固定　　D.是变量

（6）3 个结点可以构成（　　）种不同形状的树。

A.1　　B.2

C.3　　D.4

（7）最小生成树的构造可使用（　　）算法。

A.prim 算法　　B.卡尔算法

C.迪杰斯特拉算法　　D.哈夫曼算法

（8）查找表是以（　　）为逻辑结构。

A.集合　　B.图

C.文件　　D.树

（9）下列排序法中，时间复杂度不受数据初始化状态影响，总是为 $O(n^2)$的是（　　）。

A.快速排序　　B.直接选择排序

C.冒泡排序　　D.堆排序

（10）文件是由（　　）组成。

A.结点　　B.数据项

C.记录　　D.元素

3．简题（每小题 6 分，共 30 分）

（1）叙述数据结构中的四类基本逻辑结构，并说明哪种关系最简单.哪种关系最复杂。

（2）简述哪些是稳定的排序方法，哪些是不稳定的排序方法。

（3）对 n 个顶点的无向图 G，采用邻接矩阵表示，试问如何使用邻接矩阵回答下列问题：

1）图中有多少条边？

2）任意两个顶 i，j 之间中否有边相连？

3）任意一个顶点的度是多少？

（4）设 GetHead(L)为取广义表 L 的表头操作，GctTail(L)为取广义表 L 的表尾操作，写出下列广义表操作后的结果：

1）GetHead (((a,b),c))；

2）GetTail(((a,b),(c,d)))；

3）GetTail(GetHead(((a,b),(c,d))))；

4）GetHead(GetTail(((a b) (c d))))；

5）GetHead(GetTail(GetHead(((a b) (c d))))。

（5）简述顺序栈可以进栈和出栈的条件。

4. 基本编程题：(每小题 10 分，共 30 分)

（1）使用类 C 语言编写一个算法 StackLength(LS)，计算用向前链表表示的链栈 Ls 中包含栈元素的个数。

(2)有数组 A[4][4]，把 1 到 16 个整数分别按顺序放入 A[0][0]，…，A[0][3]，A[1][0]，…，A[1][3]，A[2] [0]，…，A[3][3]中，编写一个函数获取数据并求出两条对角线上 8 个元素的乘积。

（3）设线性表中结点按关键字递增顺序存储在数组 A[1..m]中，表长为 m-1。试编写一个顺序查找算法，将监视哨设在高下标端，并求在等概率情况下查找成功的的平均查找长度值。

5. 综合算法题：(10 分)

编写链式存储结构下删除串 s 从位置 i 开始长度为 k 的子串的算法。

第二十一套习题

1．填空：（10 分）

（1）Q.front 是链队列 Q 的头指针，那么指向队列第一个元素的指针是________________。

（2）数组结构的存储占用______的存储空间。

（3）索引文件的检索方式为直接存取或按______存取。

（4）主文件无序的索引文件称为__________文件。

（5）对 n 个顶点的无向图，采用邻接矩阵表示时，如何判别下列有关问题：

1）图中有______条边？

2）任意两个顶点 i 和 j 是否有边相连______？

3）任意一个顶点 i 的度是________。

4）n 个顶点的连通图至少______条边。

（6）多重表文件是对数据文件中的关键字和________分别建立索引，索引是用指针构成链表。

2．选择题：（每小题 2 分，共 20 分）

（1）有 n 个结点的完全二叉树，结点序号分别为 1,2,…,n，对任意结点 i(2≤i≤n)其父结点是（　　）。

A.i　　B.2i

C.[i/2]　　D.1+1

（2）用归并排序的方法对 n 个数据进行排序，首先将 n 个元素分成（　　）组，两两归并。

A.1　　B.2　　C.n-1　　D.n

（3）索引表是指示逻辑记录和（　　）之间对应关系的表。

A.物理记录　　B.元素

C.关键字　　D.结构

（4）索引顺序表仅包含（　　）。

A.顺序表　　B.索引表

C.顺序表或索引表　　D.索引

（5）有 n 个顶点的图的邻接表存储法中，有（　　）个链表的表头结,点。

A.n　　B.2n　　C.n/2　　D.n*n

（6）在具有 n 个结点的完全二叉树中，结点序号分别为 1,2,…,n，结点 i(2i+1≤n)的右孩子结点（　　）。

A.是 2i　　　　B.不存在

C.是 2i+1　　　　D.是 2i-1

（7）数组 A[1:2,0:1,1:2]有多少个元素？（　　）。

A.4　　　　B.6

C.8　　　　D.5

（8）栈的特点是（　　）。

A.先进先出　　B.后进先出　　C.后进后出　　D.不进不出

（9）串 s=‘abcd’，经 INSERT(s,2,‘ijk’)运算后 S=（　　）。

A.AIJKBCD　　　　B.aijkbcd

C.abijkcd　　　　D.abcd

（10）逻辑结构是（　　）关系的整体。

A.数据元素之间的逻辑

B.数据项之间逻辑

C.数据类型之间

D.存储结构之间

3．简答题：（每小题 6 分，共 30 分）

（1）假设一棵二叉树广义表表示为 a(b(c),d(e,f))，分别写出对它进行先序、中序、后序1 按层遍历的结果。

（2）阅读算法并回答问题。

```
Void   AJ(adflist GL,int i,int n)
{
  Queue Q;
  InitQueue(Q);
  cout<<i<< " ";
  visited[i]=true;
  Qinsert(Q,i);
  while(!QueueEmpty(Q)){
     int K=QDelete(Q);
     edgenode*P=GL[K];
     While(P!=NULL)
     {
      int j=P→adjvex;
      if(!visited[j]){
      cout<<j<< " ";
      visited[j]=true;
```

```
            QInsert(Q,j);
        } p=p→next
      }
   }
```

该算法的功能为：____________________

（3）索引文件.散列文件和多关键字文件适合存放在磁带上吗？为什么？

（4）判断下列序列是否为堆（小根堆或大根堆），若不是，将其调整为堆：

（1）(100,86,73,35,39,42,57,26,21);

（2）(12,70,33,65,24,56,48,92,86,33);

（3）(103,97,56,38,66,23,42,12,30,52,06,20);

（4）(05,56,20,23,40,38,29,61,35,76,28,100).

（5）设有序顺序表为{10,20,30,40,50,60,70}，采用折半搜索时，搜索成功的平均搜索长度是多少？

4．基本编程题：（每小题 10 分，共 30 分）

（1）编写向类型为 List 的线性表 L 中第 i 个元素位置插入一个元素的算法，假定不需要对 i 的值进行有效性检查，同时不需要检查存储空间是否用完。

（2）有如下递归计算公式：

C(n,0)=1 　　n≥0

C(n,n)=1 　　n≥0

C(n,m)=C(n-1,m)+C(n-1,m-1) n>m,n≥0,m≥0

编写一个计算 C(n,m)的递归过程。

（3）采用顺序存储方式存储串，编写一个函数 substring(s1,s2)，用于判定 s2 是否是 s1 的子串。

5．综合算法题：（10 分）

设头指针为 head，带头结点的单链表中的数据元素递增有序,编写算法将数据元素 x 插入到带头结点单链表的适当位置上，要求插入后保持单链表数据元素递增有序。

第二十二套习题

1．填空:（每小题 1 分，共 10 分）

（1）数据逻辑结构包括____ ____和____3 种类型。

(2)在一个长度为 n 的顺序表中删除第 i 个元素($1 \leqslant i \leqslant n$)时,需向前移动______个元素。

（3）两个串相等的充分必要条件是____。

(4)二维数组 A[10][20]采用列序为主方式存储,每个元素占一个存储单位,并且 A[0][0]的存储地址是 200，则 A[6][2]的地址是______。

（5）在一个循环队列中，队首指针指向队首元素的____________。

（6）已知一棵完全二叉树的第 7 层有 8 个叶子结点，则其叶子结点个数是______。

（7）在有 n 个结点的有向图中，其弧数最多为________。

（8）二分查找的存储结构仅限于__________________但是____________。

（9）在对一组记录(54,38,96,23,15,72,60,45,83)进行直接插入排序时，当把第 7 个记录 60 插入到有序表时，为寻找插入位置需比较______次。

（10）顺序文件在存储介质中可以有__________和________两种不同的实现结构。

2．选择题（每小题 2 分，共 20 分）

（1）栈结构通常采用的两种存储结构是（　　　）。

A.顺序存储结构和链表存储结构

B.散列方式和索引方式

C.链表存储结构和数组

D.线性存储结构和非线性存储结构

（2）一个顺序表（即顺序存储的线性表以下相同）第一个元素的存储地址是 100，每个元素的长度为 2，则第 5 个元素的地址是（　　　）。

A.110　　B.108　　C.100　　D.120

（3）串是（　　）。

A.不少于一个字母的序列　　B.任意字母的序列

C.不少于一个字符的序列　　D.任意字符的序列

（4）若采用三元组压缩技术存储稀疏矩阵，只要把每个元素的行下标和列下标互换，就完成了对该矩阵的转置运算，这种观点（　　　）。

A.正确　　B.错误

（5）判定一个栈 ST（最多元素为 m0）为空的条件是 ST→t 为栈顶指针（　　　）。

A.ST->t!=0　　B.ST->t= =0　　C.ST->t!=m0　　D.ST->t= =m0

（6）树最适合用来表示（　　）。

A.有序数据元素

B.无序数据元素

C.元素之间具有分支层次关系的数据

D.元素之间无联系的数据

（7）在一个图中，所有顶点的度数之和等于所有边数的（　　）倍。

A.1/2　　B.1　　C.2　　D.4

（8）二分查找和二叉排序树的时间性能（　　）。

A.相同　　B.不相同

（9）在所有排序方法中，关键字比较的次数与记录的初始排列次序无关的是（　　）。

A.希尔排序　　B.冒泡排序

C.插入排序　　D.选择排序

（10）索引无序文件是指（　　）。

A.主文件无序索引表有序　　B.主文件有序索引表无序

C.主文件有序索引表有序　　D.主文件无序索引表无序

3．简答题：（每小题 6 分，共 30 分）

（1）以数据集{4,5,6,7,10,12,18}为叶结点权值构造哈夫曼树，并求其带权路径长度。

（2）将中缀表达式转换为后缀式：

1）a+b*c

2）(a+b)/(d-e)

3）(b-4*a*c)/(2*a)

（3）请画出与下列二叉树对应的森林。

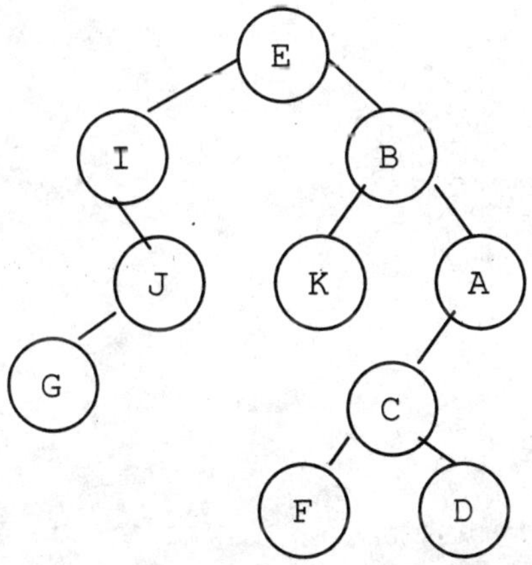

（4）简述什么是稳定的排序，什么是不稳定的排序。

（5）采用二分查找法一定比采用顺序查找法速度要快，这种说法对吗？为什么？

4．基本编程题：（30 分）

（1）已知一个顺序表 A 中的元素按值非递减有序，编写一个函数插入一个元素 X 后保持该顺序表是有序的（假设 X 和数组均为整型）。（10 分）

（2）已知带表头结点的循环链表用于存储链列队的元素（如下图所示），指针 rear 指向队列的尾元素，写出将元素 X 进队的算法。（10 分）

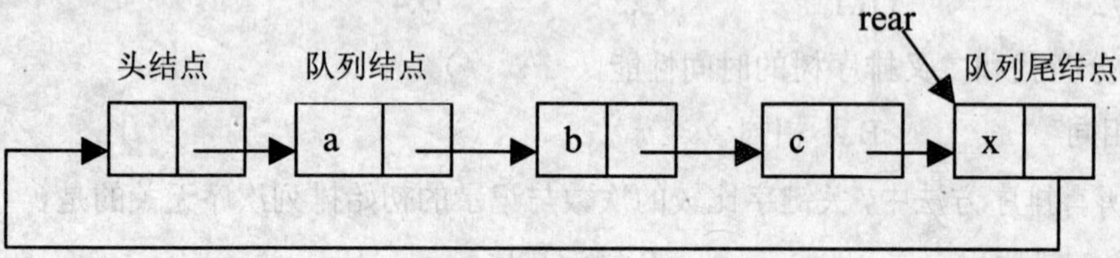

（3）设广义表采用头链和尾链存储结构，编写求广义表中原子数的算法。（10 分）

5．综合算法题：（10 分）

试编一个双向冒泡排序算法，即在排序过程中以交替的正反两个方向进行扫视。若第 1 趟把关键字最大的记录放到最末尾，则第 2 趟把关键字最小的记录放到最前端，如此反复进行。

第二十三套习题

1．填空（每小题 1 分，共 10 分）

（1）算法的时间复杂度是指算法中所包含______________的多少。

（2）顺序存储线性表的第一个元素的存储地址是 100，每个元素长度为 2，第 5 个元素地址是____。

（3）如果串的长度小于某一常数，则采用________________存储方式最节省空间。

（4）已知二维数组 A[m][n]采用行序为主方式存储，每个元素占 K 个存储单元，第一个元素的存储地址是 Loc(A[0][0])，问 A[i][j]的地址是_________________________。

（5）栈的特点是________，队列的特点是____________。

（6）100 个结点的完全二叉树的深度为____。

（7）n 个顶点的无向连通图至少有__________条边。

（8）顺序查找法的平均查找长度为______________。

（9）冒泡排序在最好的情况下，元素交换次数为____。

（10）直接存储文件是用____方法组织的。

2．选择题：（每小题 2 分，共 20 分）

（1）在数据结构中，从逻辑上可以把数据结构分成（　　　）。

A.动态结构和静态结构

B.紧凑结构和非紧凑结构

C.线性结构和非线性结构

D.内部结构和外部结构

（2）在一个长度为 n 的顺序表中，向第 i 个元素(i≤n+1)之前插入一个新元素时，需要向后移动（　　　）个元素。

A.n-i　　　B.n-i+1　　　C.n-i-1　　　D.i

（3）串的两种基本的存储方式是（　　　）。

A.顺序存储方式和直接存储方式

B.顺序存储方式和链接存储方式

C.线性存储方式和非线性存储方式

D.链表存储方式和数组存储方式

（4）数组通常具有的两种基本操作是（　　　）。

A.建立与删除　　　B.索引和修改

C.查找和修改　　　D.查找与索引

（5）栈和队列的共同点是（　　　）。

A.都是先进后出　　B.都是先进先出

C.只允许在端点处插入和删除元素　　D.没有共同点

（6）某非空二叉树的前序序列和后序列正好相反，则二叉树一定是（　　　）的二叉树。

A.空或只有一个结点　　B.高度等于其结点数

C.任一结点无左孩子　　D.任一结点无右孩子

（7）一个有 n 个顶点的无向图，最多有（　　　）条边。

A.n　　B.n(n-1)　　C.n(n-1)/2　　D.2n

（8）顺序查找法适合于存储结构是（　　　）的线性表。

A.散列存储　　B.顺序存储或链接存储

C.压缩存储　　D.索引存储

（9）设有 1000 个无序的元素，希望用最快的速度接挑选出其中 10 个最大的元素，最好选用（　　　）。

A.冒泡排序　　B.快速排序

C.堆排序　　D.基数排序

（10）直接存取文件的特点是（　　　）。

A.记录按关键字排序

B.记录可以进行顺序存取

C.存取速度快，但占用较多的存储空间

D.记录不需要排序，存取效率高

3．简答题：（共 30 分）

（1）在什么情况下使用顺序表比连表好？（5 分）

（2）已知数组[1…10,-1…6,0…3]，求（10 分）

1）该数组含有的数据元素数目；

2）若起始地址为 1000，且每个数据元素占用 3 个存储单元，试分别计算 M[2,4,2]，M[5,-1,3]的地址（以下标顺序为主序）。

（3）回答下列有关二叉搜索树的问题。（15 分）

1）直接在二叉搜索树中查找关键码 K 与从中序遍历输出的有序序列中用折半搜索法查找关键码 K，其数据比较次数是否相同？

2）对于同一组有 n 个关键码的集合，以不同的输入序列建立二叉搜索树，有多少种不同的二叉搜索树？

3）若输入关键码序列是一个有 n 个结点的有序序列，以此构造二叉搜索树，它的搜索成功的平均搜索长度是多少？

4．基本编程题：（30 分）

（1）若 x 和 y 是两个采用顺序存储方式存储的串，编写一个比较两个串是否相等的函数。（10 分）

（2）已知指针 S 指向单向循环链表的一个结点，该结点有前导结点，写出删除该结点的直接前导结点的算法。（10 分）

（3）设二叉树以二叉链表为存储结构，每个结点的数据域存储一个整数，编写算法，将每个结点的数据域改为其相反数。（10 分）

5．综合算法题：（10 分）

（1）编写一个根据带权图的邻接矩阵建立图的邻接表的算法，并分析算法的时间复杂度。

第二部分　数据结构习题解答

第一套习题解答

1．填空（每小题 1 分, 共 10 分）

（1）答案：顺序　连接　索引　散列

说明：有储结构（物理结构）是数据的逻辑结构在计算机中的存储映象，是逻辑结构在计算机中的实现。

（2）答案：头结点的指针域为“空”。

说明：带头结点的空单链表如图所示：Head→ 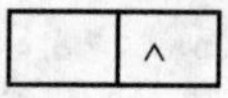

（3）答案：零个字符的串,零

说明：串 S=“$a_1a_2\cdots a_n$”($n\geqslant 0$)，则 n=0 时的串为空串。

（4）答案：节省存储空间

说明：在某些高阶矩阵中，非要元素非常少；只外一些矩阵元素的分布有一定规律；这两种情况下，不采用二维数组顺序存储，可提高存储空间的利用率。

（5）答案：先取出元素、后移动栈顶指针

说明：因为栈顶指针向的是当前栈中“最新”的元素，而栈是后进先出的线性表。

（6）答案：33

说明：可以证明，任何具有 n 个结点的平衡二叉树，其高 $h\leqslant O(1ogn)$.

（7）答案：N(n-1)/2

说明：每个顶点与其余 n-1 个顶点都有边相连的无向完全图具有 n(n-1)/2 条边。

（8）答案：哈希表查找法

（9）答案：n-1

说明：如果序列在排序之前已经有序，则经过 n-1 次比较就可以发现它已经有序了，排序工作在此时可以终止。

（10）答案：哈希函数法

说明：散列文件是指在外存上进行散列存储的文件。

2．择题（每小题 2 分，共 20 分）

（1）答案：B　　D

说明：一个穷结点的集合，以及该集合中各结点之间有穷的关系集合，便组成一个数据结构，在数学上被表示为（D，R），在其中 D 表示有穷结点（数据元素）集，R 表示 D

上的有穷关系集。

（2）答案：C　　D

说明：若广义表 $GL=(a_1,a_2,\ldots a_n)$，其 ai(1≤i≤n)或为原子，或为子表，则表头为 a_1，表尾为$(a_2,\ldots a_n)$。

（3）答案：B

说明：串是由零个或多个字符组成的有限序列，是线性表的一种。

（4）答案：C

说明：采用三元组表和十安链表可有效地完成对稀疏矩阵的压缩存储。

（5）答案：B　　A

（6）答案：C

说明：后序遍历的操作过程可以保证所要求的编号特点。

（7）答案：A

说明：n 个顶点的完全无向图有 n(n-1)/2 条边。

（8）答案：C

说明：等概率情况下，顺序查找算法的平均查找长度。

$$ASL=\sum_{i=1}^{n} pici=\frac{1}{n}\sum_{i=1}^{n} ci=\frac{1}{h}\sum_{i=1}^{n}(n-i+1)=\frac{1}{2}(n+1)$$

（9）答案：A

说明：直接插入排序算法简便，适用于待排序元素数目较庭且基本有序的情况。

（10）答案：C

3．简答题（每小题 5 分，共 30 分）

（1）答案：

1）　5×6×2＝60

2）LOC（3，2）＝1000＋3×6×2＋2×2＝1040

LOC（1，4）＝1000＋1×6×2＋4×2＝1020

3）由 LOC（I，j）=1000+I×6×2＋j×2＝1020(1034)

可计算出 A[1][4]的地址是 1020，A[2][5]的地址是 1034。

说明：数组 a[n][m]按行存储时地址的计算公式是：Loc[I,j]=Loc[0,0]+(I*n+j)*/c

（2）答案：队头在链头，队尾在链尾。

说明：为了操作方便，在链队列中，队头指针始终指向头结点，队尾指针指向当前最后一个元素。

（3）答案：

1） 先序：G E C D K H P M R

中序：G D E G H K M R P

后序：D C E H R M P K G

按层：G E K C H P D M R

2）

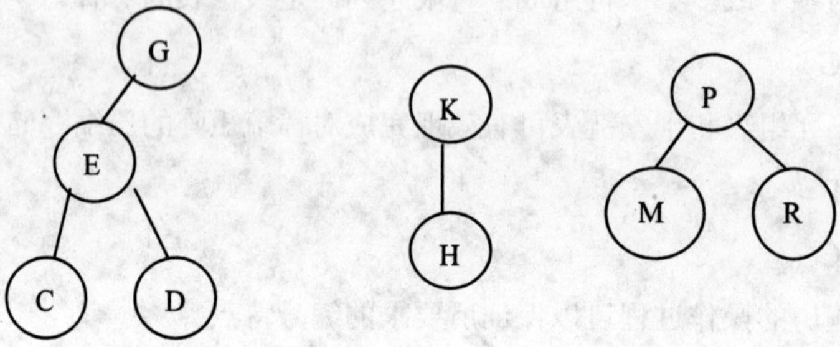

（4）答案：

初始无序序列：98 65 38 40 12 51 100 77 26 88

{98}{65}{38}{40}{12}{51}{100}{77}{26}{88}

第一次归并：{65 98}{38 40}{12 51}{77 100}{26 88}

第二次归并：{38 40 65 98}{12 51 77 100}{26 88}

第三次归并：{12 38 40 51 65 77 98 100}{26 88}

第四次归并：{12 26 38 40 51 65 77 88 98 100}

说明：见归并排序的基本思想。

（5）答案：8

说明：这是一个求 6^n 的一个递归实现。

（6）答案：

说明：静态索引结构指这种索引结构在初始数据装入时就已经定型，而且在整个系统运行期间，树的结构不发生变化，只是数据在更新。动态索引结构是指在整个系统运行期间，树的结构随数据的增删及时调整，以保持最佳的搜索效率。静态索引结构的优点是结构定型，建立方法简单，存取方便；缺点是不利于更新，插入或删除时效率低，动态索引结构的优点是在插入或删除时能够自动调整索引树结构，以保持最佳的搜索效率；缺点是实现算法复杂。

4．基本编程题（每小题 10 分，共 30 分）

（1）答案：

```
Void   Converse LIST
Typedef   struct
```

```
{
int  list(1000);
int  suze;
} seq list; (Seqlist *L )
{
int  mid, l;
int  tmp;
mid=L→size/2;
for(l=0;l< mid;l++)
{
  tmp=L→list[l]
  L→list[l]=L→list[L→size-l-l];
  L→list[L→size-l-l]=tmp;
}
}
```

说明：当顺序表中的数据元素个数为偶数时，以中线为轴做镜像交换即可实现本地逆置，当顺序表中的数据元素，个数为奇数时，以最中间的数据元素为轴做镜像交换即可实现本地逆置，最中间的数据元素不作交换。整数的整除（/）操作可取到要交换的数据元素个数。

（2）答案：

```
typedef struct{
            char  srv(1000);
            int  length;
            }
            seqstring;
   int  StrCompare (Seqstring s,Seqstring t)
   {
        int  n=s.Length,m=t.Length,I,tag;
        if(n!=m)return 0;      /*长度不等则内串必然不等*/
        I=0;tag=l
        While(I<n&& tag= =l)
   {
        if(s.str[I]!=t.str[I])tag=0; /*某个字符比较不等则 tag=0*/
        I+ +;
   }
   return  tag;     /*若所有字符比较均相等则 tag=l*/
   }
```

说明：两个串相等，要求两个串的字符序列依次完全相同。因此，逐个比较两个串，一旦某两个字比较不相等，则说明两个不相等；当全部字符都比较相等时，说明两个串相等。两个串比较相等时函数返回 1，否则返回 0。

（3）答案：

```
int  GlistLength
typedef struet GLNode
{
  int  tag;
  union
  {
    int
(GLNode  *h)
{
    int  numbrt;
    GLNode  *P;

For(number=0,p=h;p!=NULL;
    P=P→Val,subList.tail)
        Numbrt+ +;
    Return  number;
}
```

说明：在头尾链存储结构中，广义表的长度就是表尾指针构成的单链表的长度。

5．算法设计（10 分）

答案：

设顺序表 L 的数据结构定义如下：

```
typedef   struct
{
    int    List [1000];
    Int     num;
}SeqList;
```

删除顺序表 L 中所有值为 X 的数据元素算法为：

```
void  Delete.List value (SeqList  * L,int x)
{
    int j,k;
    for(j=l;j<=L→num;j+ +)
```

```
{
    if(L→List[j]= =x)
    {
        for(k=j;k<L→num;k++)
        L→List[k]=L→List[k+l];
    L→num–÷
    J–÷
    }
  }
}
```

说明：在顺序表L中查找到值为X的元素后，将其后续所有元素向前移一个位置，并将总元素数目减1，以达到将其删除的目的。

第二套习题解答

1．填空：（每小题 1 分，共 10 分）

（1）答案：存储

说明：存储结构（物理结构）是逻辑结构在计算机中的存储映像。

（2）答案：1008

说明：线性表中第 i 个元素的地址 $Loc(a_i)=loc(a_1)+(i-1)*4$

（3）答案：为是空表

说明：见双向链表的定义。

（4）答案：必须一致

说明：栈是一种限定性线表，而线性表中数据类型相同。

（5）答案：n*(n+1)/2

说明：下三角元素的个数为 1+2+3+4+…+n(n+1)/2。

（6）答案：根

说明：见树转换为二叉树的方法。

（7）答案：全部

说明：见生成树的定义。

（8）答案：N

说明：见邻接表示法说明。

（9）答案：索引顺序

说明：VASM 文件是一种用 B^+树作为动态索引的索引顺序文件。

（10）答案：稳定

说明：因为在归并排序中，相同关键字的领先关系，在排序过程中不会发生变化，所以，归并排序是一种稳定的排序方法。

2．选择题：（每小题 2 分，共 20 分）

（1）答案：B

说明：这是二叉树的性质之一，详见性质的证明。

（2）答案：B

说明：在表头插入结点的步骤就是如此。

（3）答案：C

（4）答案：B

说明：由队列的定义可知。

（5）答案：D

说明：在链栈中，链表的表头指针始终指向当前栈顶元素前面的头结点。

（6）答案：D

说明：简单排序，堆排序，快速排序和归并排序所需的辅助存储空间分别为 0(1)、0(1)、0(1og₂n)和 0(n)。

（7）答案：B

说明：因为需对顺序表和正在生成的单链表都进行搜索。

（8）答案：D

说明：直接插入排序、选择排序、冒泡排序的平均时间复杂性为 $O(n^2)$，而归并排序的时间复杂性为 $O(n1og_2n)$。

（9）答案：A

说明：当主文件中记录不按关键字顺序排列时，则必须对每个记录建立一个索引项，并称所建立的索引为稠密索引。

（10）答案：A

说明：堆排序、冒泡排序、快速排序、归并排序的平均时间复杂及分别为；$O(n1og_2n)$、$O(n^2)$、$O(n1og_2n)$、$O(1og_2n)$，其空间复杂性分别为 O(1)、O(1)、$O(1og_2n)$、O(n)，所以答案为 A。

3．简答题：（每小题 4 分，共 20 分）

（1）答案：当 n 个结点的 m 元素用定长结点存储时所占用的存储空间为：

n(2+2m)字节

当其转化成二叉树时，占用空间为：

n(2+4)字节

所节省的空间为：

n(2+2m)-n(2+4)=2n(m-2)字节

说明：用多重链表法存储 m 元树时，由于其每个结点可能有 m 个孩子，从而需 m 个链域从而整个树的存储需 n(2+2m)个字节，而在二叉树中，最常见的双链法存储只需 2 个钜域，所以需 n(2+2*2)字节，故所节省的存储空间为 n(2+2n)-n(2+4)=2n(m-2)个字节。

（2）答案：由于所设计的算法是实现对数组的 A 中所存放的整数排序，即获得：A[1]=1，A[2]…，A[N]=N，可以发现数组的序号就是数组分量的值，即有 A[i]=I。

因 A[1 :N]的初始状态是随机的，这里可任取一个分量，如 A[1]不为“1”而为“j”，而 j 应存入 A[j]中；而 A[j]此时的值为 K，而 K 值应存入 A[K]中，……，如此继续下去，直到排好序为止。

在此算法中，使用了两个辅助变量来回地倒，对每个数组元素来说，只是取一次存一次，故算法的时间复杂度为 n，空间复杂度为 O(1)。

（3）答案：输入：Stack。

（4）答案：图G对应邻接矩阵和邻接表两种存储结构分别如下图所示。

$$A=\begin{pmatrix} 0 & 1 & 1 & 1 & 0 \\ 1 & 0 & 1 & 0 & 1 \\ 1 & 1 & 0 & 1 & 1 \\ 1 & 0 & 1 & 0 & 1 \\ 0 & 1 & 1 & 1 & 0 \end{pmatrix}$$

a

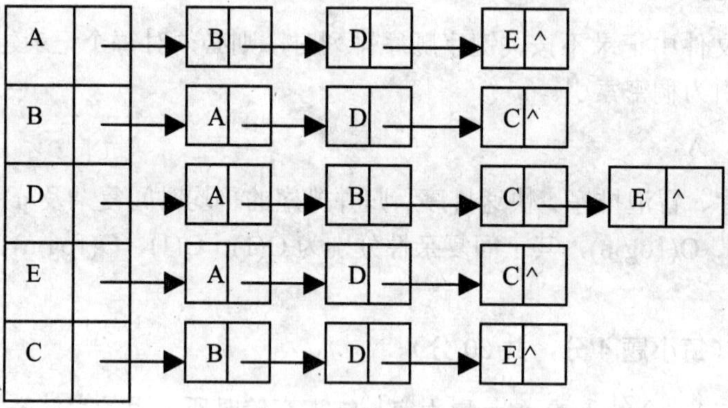

b

说明：见图的邻接矩阵和邻接表表示定义。

（5）答案：用求子串与联接运算将串 a 变换成串 b。因有‘*’＝SUBSTR(a,1,1), ‘+’=SUBSTR(a,2,1)，‘ X’=SUBSTR(a,3,1)，‘ Y’=SUBSTR(a,4,1)，‘Z’=SUBSTR(a,5,1)，因此有 d=strcat(‘C’，‘X’，‘+’，‘Y’)

e=strcat(‘,’，‘*’，‘Z’，‘+’)，最后有：

b=strcat(d,e)= ‘(x+y)*Z+’

4．基本编程题：（每小题 10 分，共 30 分）

（1）答案：顺序表的类型说明如下：

```
#define   size/*顺序表容量*/
typedef   struct   element
                   {keytype   key;
                   othortype odata;
```

```
            }records;
    typedf   records   sqlist [1+size];
```

顺序查找算法如下：

```
Void   Sqch (sqist r, datatype k)
  {r[0].key=k;
     l=size;
     While(r[l].key!=k)i--;
     Return(i);
  }
```

说明：在该算法中，首先设 r[0]的关键字值为 K，其作用是可以在循环中省去判定下标越界的条件 i≥1，起到了监视哨的作用。

（2）答案：实现此功能的算法如下：

```
# include <stdio.h>
# define ml3
# define nl4
Void   specildot (int A[m][n])
{
     int i,j,
     int min[m],max[n];
for(i=0;i<m;i++)/*计算出每行的最小值元素，放入 min[m]之中*/
{
         min[i]=A[i][o];
         for(j=1;j<n;j++)
         if(A[i][j]<min[I])   min[I]=A[i][j];
}
for(j=0;j<n;j++)/*计算出每列的最大值元素，放入 ma×[1.n]之中*/
{
        max[j]=A[0][j];
        for(I=1;I<m;I++);
        if(A[I][j]>max[j])   max[j]=A[I][j];
}
for (I=0;I<m;I++)/*判定是否为对鞍点*/
    for(j=0;j<n;j++)
    if(min[I]==max[j])
    {
      Prinf("%d,%d)=%d\n",I,j,A[I][j]);/*显示马鞍点*/
```

```
}
```

说明：根据题意，先求出每行的最小值元素，放入 min[m]之中，再求出每列的最大值元素，放入 max[n]之中，如果某元素既在 min[i]中，又在 max[j]中，则该元素 A [i][j]便是马鞍点，找出所有这样的元素，即找到了所有马鞍点。

（3）答案：Binsertsort (list r,int n)

```
typedef  struct{
        int key;
        int  data;
} ekement;
typedef element list[100];
    {
      for(I=2;I<=n;I++)
      {
      r[0]=r[I];
      low=1;
      high=I-1;
     While (low<=high)/*找位置*/
      {
      m=(low+high)/2;
      if(r[m].key>r[0].key)low=m+1;
      else    high=m-1;
      }
      for(j=I-1;j>high+1;j--)r[j+1]=r[j];/*后移*/*插入*/
              r[high+1]=r[0];
              }
           }
```

说明：算法中用 r[0]作为交换单元，真正的待排序元素位置由 r[1]开始。

5．综合算法题（10 分）：

答案：
```
typedef  struct  PbinNode {
            elemtype  data;
            struct   BunNode parent,Lchuld,*Rchuld;
         } PbinNode;
         typedef   PbinNode *PbinTree;
```

```
Void inOrder(PbinTree    t)
}
    PbinTreep,d;
    If(t= =NULL)
Return;
    P=t;
    While(P→Lchild!=NULL/*找中序序列的第一个结点*/
P=P→Lchild;
While(P!=NULL) {
   Visit(p);/*访问结点*/
    If(p→Rohild!=NULL) {  / *在 P 的右子树中找 P 的后继*/
    P=P→Rchild;
    While (P→Lchild!=NULL)
         P=P→Lchild;
     } elsr{   /*在 P 的祖先中找 P 的后继*/
  d=p
  p=d→Parent;
  while(P&&p→Lchild!=d) {
     d=p;
     p=d→parent;
             }
           }
         }
       }
```

第三套习题解答

1．填空：（每小题 1 分，共 10 分）

（1）答案： Sq->rear= =sq->font

说明：队列，栈为空为满的判别条件很重要，应当理解并熟记。

（2）答案：首元素

说明：类似地尾元素没有后继元素。

（3）答案：进栈出栈方便

说明：对于单向链表，在表头插入。删除元素的复杂度为 O（1），而在表尾插入、删除元素的复杂度为 O（n）。

（4）答案：稀疏

说明：稀疏矩阵的压缩存储算法还有十字链表法等。

（5）答案：满

说明：深度为 k 的满二叉树共有 2^k-1 个结点，其第 i(1≤i≤k)层有 2^i-1 个结点。

（6）答案：没有

说明：右每条边都有方向，则称为有向图。

（7）答案：大

说明：二叉排序树中，任意结点的键值，大于其左子树中各结点的链值，而小于其右子树中各结点的链值。

（8）答案：多

说明：即多个关键字值可能对应同一散列函数值，这就是所谓冲突。

（9）答案：物理

说明：注意理解逻辑记录和物理记录之间的区别和联系。

（10）答案：有序

说明：这是直接插入排序的主要思想，即在第 i 趟时，前 i-1 个数据已排好序，只需前第 i 个元素插入适当的位置。

2．选择题：（每小题 2 分，共 20 分）

（1）答案：A

说明：稳定的排序有冒泡排序、直接插入排序和归并排序；不稳定的排序方法有简单选择排序、快速排序、希尔排序等。

（2）答案：C

说明：冒泡排序只涉及相邻元素间的比较和交换，因此也可以用链表来实现。

（3）答案：C

说明：n 个顶点的无向图最多有 n(n-1)/2 条边，个阶点的有向图最多有 n(n-1)条弧。

（4）答案：C

说明：索引表用来指示逻辑记录和物理记录之间的对应关系，主文件用来存储物理记录。

（5）答案：A

说明：这种图称为 AOV（顶点表示活动）图。

（6）答案：C

说明：很重要的结论，需要熟记。另外还有，n 层的二叉树最多有 2^n-1 个结点。

（7）答案：B

说明：阿列限定在队尾插入元素，在队头删除元素。

（8）答案：B

说明：注意题目中强调的“一般情况下”。在某些特殊情况下，快速排序会比冒泡排序等简单排序方法慢。

（9）答案：A

说明：p 所指元素是 q 所指元素的前导，也就是说，q 所指元素是 p 所指元素的后继，因此 q=p→next。

（10）答案：D

说明：各时间复杂度以好到坏依次为 O(1)、O(n)、O($\log_2 n$)、O(n^2)。

3．简答题：（30 分）

（1）答案：如果 L 链表的长度不小于 2，将链表的首结点移到链表的尾部作为结点。

说明：在修改指针时要注意各指针修改的顺序，否则将导致错误。

（2）答案：

1）该图为：

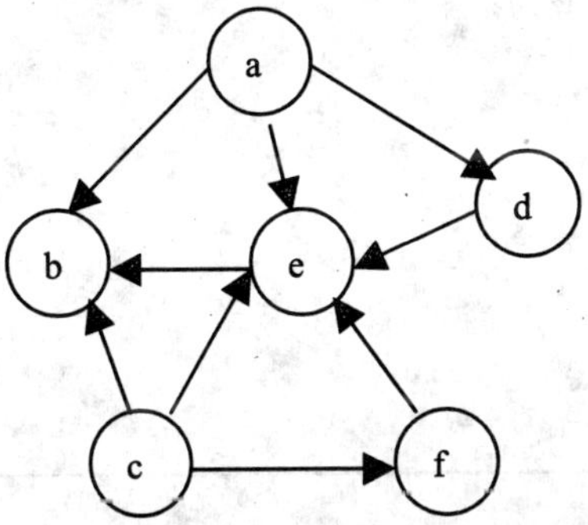

邻接矩阵为：

a	0	1	0	1	1	0
b	0	0	0	0	0	0
c	0	1	0	0	1	1
d	0	0	0	0	1	0
e	0	1	0	0	0	0
f	0	0	0	0	1	0

说明：一般地，如果顶点对表示为(a,b)，则为无向边；如果表示为<a,b>，则为有向边。

2）深度优先遍历序列：abdecf

广度优先遍历序列：abdecf

3）深度优先森林为：　　　　　　　　　　　广度优先森林为：

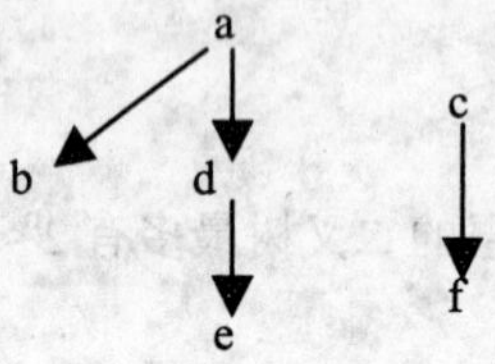

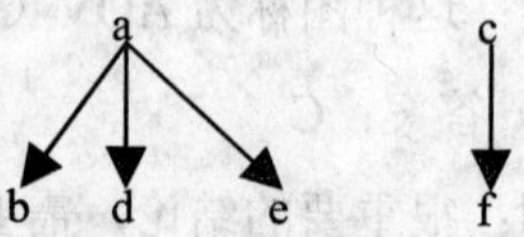

说明：本例中深度优先遍历序列和广度优先遍历序列相同，但这纯属巧合，从（3）中的生成森林即可看出两种搜索策略的区别。

（3）答案：顺序循环队列 d 采用少用一个存储单元方法区分队列满和队列空时，顺序循环队列 d 的队列满条件为：

(d.rear+1)% Maxnum= = d.front

顺序循环队列 d 的队列空条件为：

d.front= = d.rear

说明：所谓少用一个存储单元的方法，是指当(d.rear+1)%Maxnum==d.front 时事实上还有一个存储单元(d.rear)可用，但此时我们认为队列已满，不允许再向队列中插入元素。

（4）答案：当一个完全二叉树用数组存储时，若 i 是完全二叉树中的一个非根且非叶结点，则：

结点的双亲结点下标＝(i-1)/2；

结点的左孩子结点下标＝2*i+1;

结点的右孩子结点下标＝2*i+2.

说明：如果下标从 1 开始，则上面各式调整为：

双亲结点下标=i/2

左孩子结点下标=2*i

右孩子结点下标=2*i+1

4．基本编程题：（每题 10 分，共 30 分）

（1）答案：设单循环链表如下图所示。

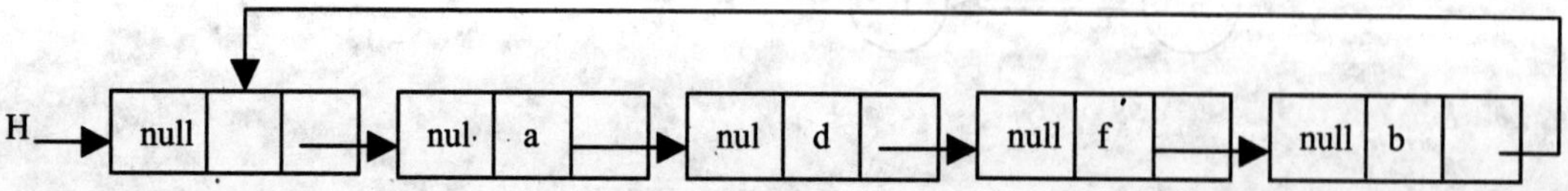

为将此表变成双向循环链表，设查询指针 p 和前趋结点指针 s，则算法描述为：

```
uoid    dedclink   (bilink & h)
{  bilibk p,s;
    p=h;
    while cp→link!=h){
      s=p;
      p=p→link;
      p→pre=s;
      }
      h→pre=p;
  }//dedclink
```

说明：其实就是遍历链表时逐个设置各结点的 pre 域的值。注意指针 p 和 s 的使用方法，while 循环中的几条语句顺序不可交换。

（2）答案：二叉树的链式存储结构如下图所示，其以 t 为根指针的二叉树左、右子树交换的递归算法描述如下：

```
Void   interchang (btree t)
         { if(t!=null){
             interchange (t→lc);
             interchange (t→rc);
             p=t→rc;
             t→rc=t→lc;
             t→lc=p;
           }
         }//interchange
```

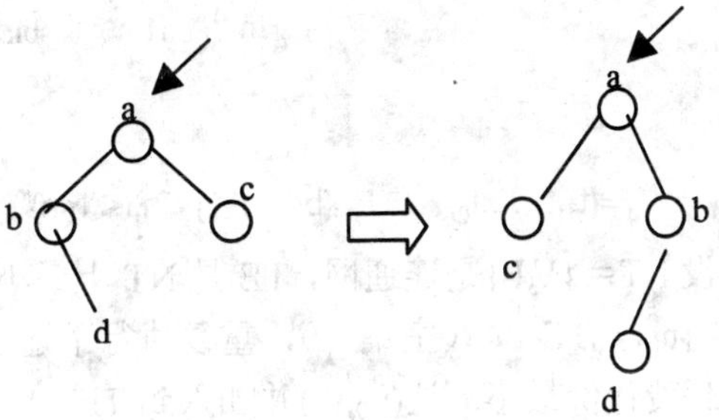

说明：二叉树的算法一般采用递归方法，这是由二叉树本身定义和性质的递归特性决定的。

（3）答案：binSearch2(sdtable R,keytype k,int low,int high)

```
int{
if(low>high) return (0)
else
{
mid=(low+high)/2;
swich
  {
  case   k= =R.item[mid].key:return (mid);
```

```
        case   k<R.item[mid].key:binSearch2(R,k,low,mid-1);
        case   k>R.item[mid].key:binSearch2(R,K,mid+1,high);
        }
    }
    return(0)
}
```

说明：二分查找用递归算法来表示也很简洁。之所以一般不采用，是因为函数的递归调用会执行系统环境变量的入栈、出栈操作，增加额外的开销。

5．综合算法题：（10 分）

答案：题中所给矩阵是一个对称矩阵，描述了一个稠密的无向网，其边权值为:$b_{ij}(1\leqslant i,j\leqslant n)$，当 i=j 时，$b_{ij}=0$。普时姆算法是稠密网上求最小生成树的算法，其过程为：

$$
\begin{array}{c|cccc}
 & t1 & t2 & -- & tn \\
\hline
t1 & 0 & b12 & -- & b1n \\
t2 & b21 & 0 & -- & b2n \\
\vdots & \vdots & \vdots & \ddots & \vdots \\
tn & bn1 & bn2 & -- & 0
\end{array}
$$

$V=\{t_1,t_2,\ldots,t_n\}$ $E=\{b_{ij} \mid 1\leqslant j\leqslant n, i\leqslant l<n\}$

设 NT＝{V,E}是连通网，TE 是 NT 上最小生成树边的集合，首先从 V 中任取一个顶 u。令 $U=\{u_0\}$，TE=Φ（空集合），重复执行下述过程。在所有 u∈U，v∈V-U 的边(u,v)中，找一条耗费代价最小的边(u_0,v_0)并加入到 TE 中，同时 v_0。再并入 U 中，直到 U＝V 为止。此时，TE 中必有 n-1 条边。T={U,TE}为 NT 的最小生成树。

```
Void  prim  (graphg,int uo)
    //从顶点 uo 出发构造网 g 的最小生成树，g 以网的邻接矩阵存储表示
{for (v=1;v<=n;V++)
      if(v!=u0){
      minedge[v].vex=U0;
      minedge[v].low=g[U0,v]
}//置初态
minedge [U0].low=0;//U0 并入 u 中
for(j=2;j<=n;j++){
    k=min(minedge[j]);
    //找一个满足条件的最小边(u,k),UEU,KEV-U
```

```
        printf{"%d,%d",minedge[k].vex,k;
    minedge[k].low=0;//顶点 k 并入 U 中
    for(v=1;u<n;u++)
        if (g[k,v]<minedge[v].low){
        minedge[v],low=g[k,v];
        minedge[v].vex=k;
                }//新顶点并入 U 后，重新选择构造它，直到生成 MS 树为止
        }
    }//prim
```

上述的 prim 算法的时间复杂度为 $O(n^2)$。

说明：求最小生成树还可以用克鲁卡尔算法，其时间复杂度除与顶点数 n 有关外还和边数 e 有关。

第四套习题解答

1．填空题：（每小题 1 分，共 10 分）

（1）答案：p→next→next

说明：p→next 指向尾结点，p→next→next 则令指向头结点。

（2）答案：O(n^2)

说明：算法的时间复杂度只需求出它关于 n 的增长率或阶。

（3）答案：37/12

说明：折半查找的平均查找长度为$\frac{n+1}{n}log_2(n+1)-1\approx\frac{37}{12}$。

（4）答案：2i+1　　　　　　2i+2

说明：这里用一维数组存储，同时将编号为 i 的结点存放在数组的第 i 个分量中。

（5）答案：限定性

说明：见队列的定义。

（6）答案：'data=567'

说明：见字符串连结方式定义。

（7）答案：指针　　　　　　栈顶指针

说明：这里的链栈没有使用带头点的链表。

（8）答案：　+　　m

说明：见 ls 一树的定义。

（9）答案：顶点　　　　弧

说明：见 Aov 网定义。

（10）答案：分配

说明：见基数排序法定义。

2．选择题：（每小题 2 分，共 20 分）

（1）答案：A

说明：这时，队列空的判定条件为 sq.front=sq.rear

（2）答案：D

说明：在二分查找中，只需用一个循环 while 就可以就完成所需的查找。

（3）答案：C

说明：这是程序设计的一般原则。

（4）答案：C

说明：算法分析主要考虑的是算法的时间复杂和空间复杂度。

（5）答案：B

说明：见中序遍历的操作过程定义。

（6）答案：C

说明：队列具有先进先出的特性。

（7）答案：A

说明：串的长度可以为0，串中元素可以是字母、数字或其他字符，元素个数为0的串为空串。

（8）答案：D

说明：树与图结点间或首前驱或者后继不具有唯一性。

（9）答案：B

说明：顺序查找法的平均查找长度为n-i+1cn为元素个数j，j为被查找元素所在位置。

（10）答案：D

说明：见带权有向图的最短路径定义。

3．简答题：（每小题6分，共30分）

（1）答案：E，D，C，B，A。

说明：堆栈具有先后出的特性。

（2）答案：树与二叉树的区别为：

1）二叉树的度最大为2，而树的度可以大于2；

2）二叉树的每个结点的孩子有左、右之分，而树中结点的孩子无左右之分。

说明：见树与二叉树的定义。

（3）答案：文件的基本操作为，检索和修改。文件的检索方式包括顺序存取、直接存取、按关键字存取。文件的修改操作包括插入、删除、更新运算。

说明：见文件的基本概念。

（4）答案：n-1次。

说明：语句的执行频度就是语句的重复执行次数。

（5）答案：对于不同的关键字，如果其哈希函数值相同，这种现象称为冲突。解决冲突的方法有：

1）开放定址法；

2）再哈希法；

3）链地址法；

4）建立一个公共溢出区。

说明：见哈希查找法的定义及哈希处理冲突方法的说明。

4．基本编程题：（每小题 10 分，共 30 分）

（1）答案：算法如下：

```
Void   BubbleSort(intA[],int n)
       //A[0…n-1]是整型向量
       int j,Ichange=true,x;
for(i=1;i<h-1 &&change;++;)
{change=fulsr;
       for(j=1;j<=n-i;++j)
              if(A[j]>A(j+1)
                     {x=A[j];    A[j]=A[j+1];A[j+1]=x;
                     change=true;}}}
```

说明：见冒泡排序算法说明。

（2）答案：算法如下：

```
    Void   Compare (List A,List B)
    {m=Length(A),n=Length(B);
           if(A!=null)
           if(B!=null)
             for(I=1;I<=min(m,n);I++){
if(A[I]= =B[I]
   continue;
else
if(A[i]>B[i])
   return(A>B)
else
    return(A<B)}
if(m>n)
   return(A>B)
else
   return(A<B)
       //当A，B 不空时逐个字符比较 A
return (A>B);
       //当 A 不空，B 空时，A>B
if(B!=null)
```

```
    return(A<B);
        //当 A 空，B 不空时，A<B
        elsereturn(A=B);
  }//compare
```

说明：这是常见的字每串比较算法一。

（3）答案：

1）顺序表在顺序存储情况下的算法：

```
    serl:st List    L,int key
    { int b,I;
      I=L.n;
      While(L.node[i]!=K)I—÷
      If(I>1)
        {
            b=L.node[i];
            Lnode[I]=L.node[I][I–1];
         Lnode[I]=b;
      }
      return (i);
      }
```

说明：list 的定义如下：

```
  cost   n/*顺序长度量*/
  typedef struct
          { int node[n];
             int n; /*长度*/
          } 1:st;
```

2）顺序表在单连表存储情况下，实现上边的算法：

```
    str1:st (Link1:st*L,int K)/*L 是指向表头的指针*/
    {
     LinkListp1,p2;
       Int b;
      p1=L→next;
      p2=L;
      while(p1 && p1→data!=k)
    {
```

```
        p2=p1;
        p1=p1→next;
    }
    if  (p1→data= =k)
        {
          b=p1→data;
          p1→data=p2→data;
          p2→data=b;
          return(p2);
    }
    else    Return(NULL);
}
```

说明：Link L:st 的定义如下：

```
typedef struct   nide   *pointer;
styuct   node
        { int   data;
        };
typdef pornter   link1:st;
```

5．综合算法题（10 分）

答案：根据题意，题中采用了一个稀疏矩阵到一维数组之间的映射关系，在进行加法运算时，依次扫描 A 和 B 的行列值，且以行为主，当行列相同时，将 A 或 B 第三个元素值相加产生的 3 个元素放入结果数组中。

```
matruxadd(A,B， C)
int A[MAX],B[MAX],C[MAX];/*MAX 是一个预先定义的常量*/
{
  int I=1,j=1,k=1;
  /*I 是 A 的下标,J 是 B 的下标,K 是 C 的下标，这些下标都是从 0 开始的*/
  while(A[I]!=-1 && B[j]!=-1,   /*循环直到 A 和 B 的结束*/
     if(A[I]= =B[j],            /*  行相等*/
  {
    if(A[I+1]= =B[j+1]) C[k+2]=A[ I+2]+B[j+2],/*且列相等*/
    {
     if(C[k+2]!=0)/*结果值大于 0 时放入 C 中*/
     {
        C[K]=A[I];
        C[k+1]=A[I+1];
```

```
        K=k+3;I=I+3;
          }
         }
else if (A[I+1]<B[j+1])
/*A 的列小于 B 的列,将 A 的 3 个元素直接放入 C 中*/
{
C[k]=A[I];
C[k+1]=A[I+1];
C[k+2]=A[i+2] ;
K=k+3;I=I+3;
}
else /*B 的列小于 A 的列,将 B 的 3 个元素直接放入 C 中*/
{
C[k]=B[j];
C[k+1]=B[j+1];
C[k+2]=B[j+2];
K=k+3;j=j+3;
}
}
elst if (A[I]<B[j])/*A 的行小于 B 的行，将 A 的 3 个元素直接放入 C 中*/
   {
        C[k]=A[I];
        C[k+1]=A[I+1];
        C[k+2]=A[I+2];
        K=k+3;I=I+3;
  }
  elst /*B 的行小于 A 的行，将 B 的 3 个元素直接放入 C 中*/
  }
     C[k]=b[j];
     C[k+1]=B[j+1];
     C[k+2]=B[j+2];
     K=k+3;j=j+3;
   }/*循环结束*/
  if   (A)I]=-1)
  /*A 结束,B 还有元素,则将 B 的所有元素直接放入 C 中*/
  while (B[j]!=-1)
```

```
{
    C[k]=B[j];
    C[k+1]=B[j+1];
    C[k+2]=B[j+2];
    K=k+3;j=j+3;
}
else/*B 结束,A 还有元素,则将 A 的所有元素直接放入 C 中*/
while (A[l]!=-1)
{
    C[k]=A[l];
    C[k+1]=A[l+1];
    C[k+2]=A[l+2];
    K=k+3;l=l+3;
  }
}
```

说明：根据题意，题中采用了一个稀疏矩阵到一维数组之间的映射关系，在进行加法运算时，依次扫描 A 和 B 的行列值，且以行为主，当行列相同时，将 A 或 B 第三个元素值相加产生的 3 个元素放入结果数组中。

第五套习题解答

1．填空题：（每小题 1 分，共 10 分）

（1）答案：n/2

说明：最小移动次数为 0，最大移动次数为 n。

（2）答案：访问标志数组

说明：因为图中的顶点关系是任意的，图中可能有回路存在。

（3）答案：哈希方法

说明：哈希表的平均查找长度是装填因子 a 的函数，而与待散列元素数目 n 无关。

（4）答案：数据元素

说明：数据元素是组成数据的基本单位，是数据集合的个体。

（5）答案：相等

说明：见数组的定义。

（6）答案：head(head(head(tail(head(tail(L))))))

说明：tail(L) ⇒ (d,((c),b),a), head (d,(c,b),a) ⇒ (d,((c),b))

ta:l[(d,((c),b))] ⇒ ((c),b), head((c),b) ⇒ ((c),head(c)) ⇒ (c)

head(c) ⇒ c

（7）答案：n-1

说明：此时待排序记录已按关键字顺序排列，且记录排序中是否发生“变换”。

（8）答案： (Sd.front+1)%maxsize

说明：循环队出队时，直接取出队头指针所指的元素。

（9）答案：散列

说明：见散列文件定义。

（10）答案：稳定

说明：见稳定排序方法及冒泡排序的定义。

2．选择题：（每小题 2 分，共 20 分）

（1）答案：B

说明：Aov 网即用顶点表示活动的网，其活动在顶点表示，而弧用来表示活动间的优先关系，图中是没有边权的。

（2）答案：C

说明：在带头结点的循环单链表中，L 所指向的是头结点而不是首元素。

（3）答案：A

说明：循环队是队列的一种顺序表示和实现方法。

（4）答案：B

说明：一棵平衡二叉树或者是空树，或者具有性质

1）左、右子树高度差绝对值小于 1

2）左、右子树也是平衡二叉树

（5）答案：A

说明：静态查找包括（1）顺序查找和二分查找（2）分块查找和索引查找动态查找包括（1）二叉排序树（2）B 树和 B 树。

（6）答案：B

说明：这是由索引文件的概念和磁带与磁盘的特性决定的。

（7）答案：D

说明：排序过程发生的交换

第一趟：

(1) 21 18 13 9 5 2

(2) 18 21 13 9 5 2

(3) 18 13 21 9 5 2

(4) 18 13 9 21 5 2

(5) 18 13 9 5 21 2

(6) 18 13 9 5 2 21

第二趟：

(6) 18 13 9 5 2 21

(7) 13 18 9 5 2 21

(8) 13 9 18 5 2 21

(9) 13 9 5 18 2 21

(10) 13　9　5　2　18　21

(11) 9　13　5　2　18　21

(12) 9　5　13　2　18　21

(13) 9　5　2　13　18　21　　第三趟

(14) 5　9　2　13　18　21

(15) 5　2　9　13　18　21

即共发生了 15 次交换

（8）答案：D

说明：所生成的哈夫曼树为：

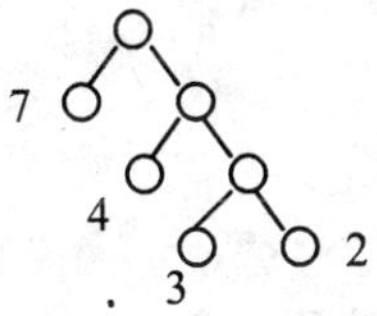

其 WPL 为 1×7＋2×4＋3×3＋3×2＝30

（9）答案：B

说明：见模式匹配定义。

（10）答案：B

说明：三元组表示的是第三行，第 1 列元素为－5，只有 B 与之对应。

3．简答题：（共 30 分）

（1）答案：常用的存储表示方法有 4 种：

1）顺序存储法：把逻辑上相邻的结点存储在物理位置相邻的存储单元里，结点间的逻辑关系由存储单元的邻接关系来体现。这种存储表示称为顺序存储结构。

2）链接存储法：不要求逻辑上相邻的结点在物理位置上也相邻，结点间的逻辑关系由附加的指针字段表示。这种存储表示称为链式存储结构。

3）索引存储方法：除建立结点存储信息外，还需建立附加的索引表来标识结点的地址。索引表的索引项由结点的关键字和相关地址组成。若每个结点在索引表中都有一个索引项，则索引表被称为稠密索引。若一组结点在索引表中只对应一个索引项，则索引表被称为稀疏索引。

4）散列存储方法：即根据结点的关键字直接计算出结点的存储地址。

说明：见相关存储说明。

（2）答案：邻接表如下：

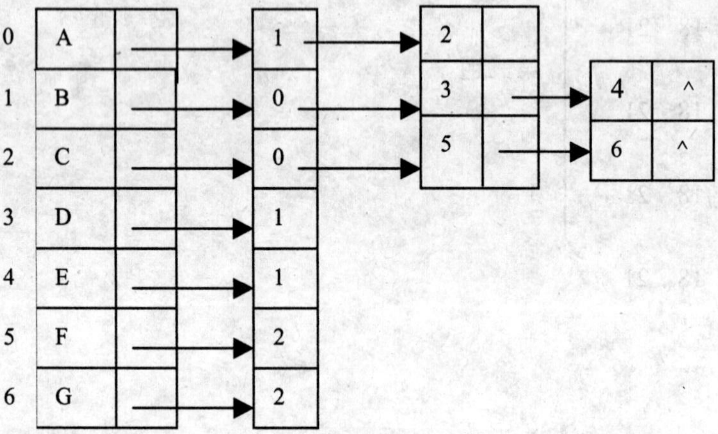

邻接矩阵如下：

$$\begin{matrix} 0 & 1 & 1 & 0 & 0 & 0 & 0 \\ 1 & 0 & 0 & 1 & 1 & 0 & 0 \\ 1 & 0 & 0 & 0 & 0 & 1 & 1 \\ 0 & 1 & 0 & 0 & 0 & 0 & 0 \\ 0 & 1 & 0 & 0 & 0 & 0 & 0 \\ 0 & 0 & 1 & 0 & 0 & 0 & 0 \\ 0 & 0 & 1 & 0 & 0 & 0 & 0 \end{matrix}$$

说明：该完全二叉树如图所示。

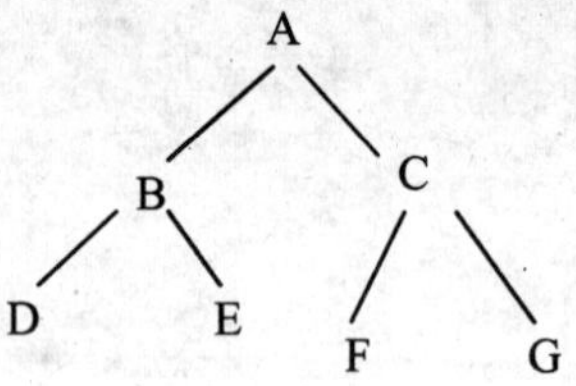

（3）答案：先序遍历：ABDEHCFI

中序遍历：DBHEACIF

后序遍历：DHEBIFCA

说明：见先序遍历，中序遍历，后序遍历定义。

（4）答案：若几个关键字值具有同一个哈希地址，则依照线性探测法将它们散列于哈希表中，至少要进行：

0＋1＋2＋3＋……+m-1=m(m-1)/2（次）

因为第一次进入元素时，该哈希表为空表，无冲突；而第 2 次进入时，则须一次探测，……依此类推，到有 n(n-1)/2 次探测。

说明：见线性探测再散列法的定义。

（5）答案：V1 的度是 4；V2 的度是 3；

V3 的度是 3；V4 的度是 4；

V5 的度是 3；V6 的度是 3。

说明：对无向图而言，顶点 V 的度是指和 V 相关联边的数目。

4．基本编程题：（每小题 10 分，共 30 分）

（1）答案：算法如下：

```
Void   serDecrelist(Sedlist*L,DatatypeLx)
```

```
{
  int I;
  if(L→Length>=ListSize)
        Error("list is full");
  for(I=L→Length;I>0&&L→data[I-1]<(x;I--)
     L→data[I]=L→data[i-1];
  L→data[I]=x;
  L→Length++;
}
```

说明：在 for 循环中，将 L 中小于 X 的元素向后移动，空出插入的位置，插入 X 后，长大 L 加 1。

（2）答案：算法如下：

```
Void  brch  (btree  bt,datatype  Xi)
    {  P=bt;
     Whilec(P!=null) &&(P→data!=Xi)
        P=P→rchild;
      Return(P);
    }  //bstsrch
```

说明：根据题意构造的二叉查找树如右图所示。该树只有右子树，空缺左子树，

显然，在该树上要查找 X_i 时(I>=2)，由根进入，必须要对 X_1X_2，…，X_{i-1} 进行一次探测，才能到达对的查找。

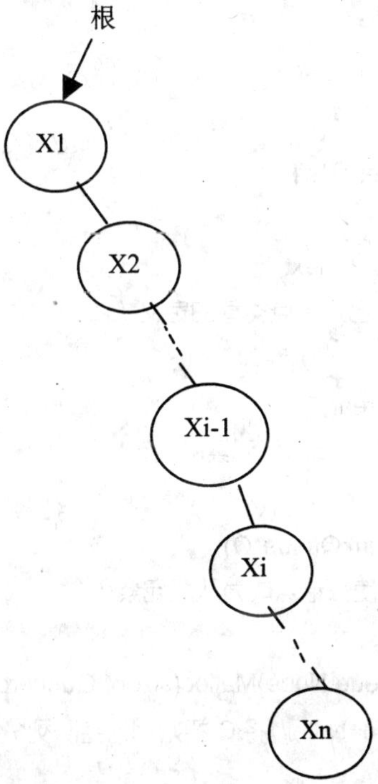

（3）答案：算法如下：

```
int strcmp(s,t)
  {
  int I,minlen;
  if (s→len<t→len)
    minlen= strlen(s); /*计算最小串大 */
  else
    minlen= strlen(t)
   I=0
   While(I<minlen)
   {
      if(s[i]<t[i]rerurn(-1);          /*S<t*/
      else if (s[i]>t[i]) return(1);   /*s>t*/
          else  i++;
    }
       /*这里是公共长度部分均相同的情况* /
    if (strlen(s)=strlen(t)) return(0);           /*S=t*/
    else  if(strlen(s)<strlen(t))  return(-1);      /*s<t*/
        else  return(1);                          /*S>t*/
    }
```

说明：首先进行相应字符比较，并进行判别，然后根据长度进行判别。

5．综合算法题：（10 分）

答案：算法如下：

```
  //定义链队结构：
   typedef struct Queuenode {
       Datatype data;
       Struct Queuenode*next;
     }QueueNode; /*以上是结点类型的定义*/
    typedef  struct{
         Queuenode *rear;
  }LinkQueue; /*只有一个指向队尾元素的指针*/
 ⑴初始空队
    Void  InitQueue (LinkQueue*Q)
      { /*置空队：就是使头结点成为队尾元素*/
         QueueNode*s;
         Q→rear=(Queue Node)Malloc(sizeof(Queuerode);
         Q→rear→next=Null; /*将 Q 初始化为空队列*/
        }
```

(2)判队空

```
int EmptyQueue (LinkQueue*Q)
  { /*判队空
    /*当头结点的 next 指针为 Null 时为空队*/
   if (Q→rear→next==NULL);
   return(true);
   else;
   return(false);
   }
```

(3)入队

```
Void EnQueue(LinQueue*Q,Datatype x)
  { /*入队*/
  /*也就是在尾结点处插入元素*/
  QueueNade*p=(QueueNade*)malloc(Sizeof(QueueNode);
                                   /*申请新结点*/
  P→data=x;P→next=Q→rear→next; /*初始化新结点并链入*/
  Q→rear→next=p;
  Q→rear=p; /*将尾指针移至新结点*/
}
```

(4)出队

```
 Datatype DeQueue(LinkQueue*Q)
   { /*出队，把头结点之后的元素摘下*/
     Datatype t;
 QueueNoed *p
 If (EmptyQueue(Q))
   Error (“Queue   underflow”);
 P=Q→rear→next→next; /*P 指向将要摘下的结点*/
 X=P→data; /*保存结点中数据*/
 If (P= =Q→rear)
   { /*当队列中只有一个结点时，P 结点出队后，要将队尾指针向头结点*/
   Q→rear=Q→rear→next;Q→rear→next=p→next;}
 Else
   Q→rear→next→next=P→next; /*摘下结点 P*/
 Free(P); /*释放被删结点*/
 Return x;
}
```

说明：注意这是一个循环队列，其他见附注。

第六套习题解答

1．填空题：（每小题 1 分，共 10 分）

（1）答案：一个数学模型　　　　定义在该模型上的一组操作

说明：抽象数据类型的定义不仅包括数据的定义，还包括对数据的操作。

（2）答案：n　　　　2e

说明：每个顶点对应一个表头指针（或结点），一条对应两个边结点。

（3）答案：限制在两端进行插入和删除

说明：单端队列（普通队列）限制在队尾插入元素，在队头删除元素；双端队列则在两端都可以插入和删除元素。

（4）答案：产生初始归并段的时间　　　　信息读写时间　　　　内部归并时间

说明：外部排序与内部排序的区别就在于是否访问外层及归并时是否所有数据都在内存。

（5）答案：65　　（注：矩阵元素下标从 1 算起）

说明：第一行有 12 个非零元素，第二行有 11 个非零元素，……第 7 行有 6 个非零元素，因此前 7 行共(12+6)×7/2=63 个元素，a8,9 是第 8 行第 2 个元素，因此是第 65 个元素。

（6）答案：11　　　　189

说明：树的带权路径长度等于叶结点的带权路径长度之和。

（7）答案：输入、输出、有穷性、确定性、可行性

说明：这是算法的基本特性。

（8）答案：队中仅有一个元素（或删除后队列变成空）

说明：一般情况下，链队列的出队操作只需修改队头指针。

（9）答案：索引表

说明：索引表指出了文件逻辑记录和物理记录之间的对应关系。

（10）答案：索引

说明：多关键字文件的特点就在于对多个关键字进行索引。

2．选择题：（每小题 2 分，共 30 分）

（1）答案：B

说明：磁带等顺序存取介质无法使用 ISAM 文件。

（2）答案：D

说明：静态查找表在建立之后不再修改结构和表元，而动态查找表可以在查找过程中添加和删除表元素。

（3）答案：A

说明：连通分量是无向图的概念，有向图中类似的概念是强连通分量。

（4）答案：A

说明：满二叉树一定是完全二叉树，但完全二叉树不一定是满二叉树。其实完全二叉树就是所有结点都和一棵满二叉树上前几个结点对应的二叉树。

（5）答案：D

说明：循环不链表中，尾元素的后继为头结点。

（6）答案：D

说明：D 出栈时 A、B、C 若都在栈中，则出栈顺序不可能是 A，D，C，因为栈是后进先出表。

（7）答案：D

说明：串是字符（不只是字母的序列，串可以是空串（不含有字符）。

（8）答案：A

说明：之所以要加 m 是因为 rear 可能小于 front。

（9）答案：C

说明：堆排序在一般情况下的时间复杂度也是 $O(nlog_2n)$。

（10）答案：C

说明：对于选项 D，移动元素的个数不仅与元素位置有关，还与线性表的长度有关。

3．简答题：（每小题 6 分，共 30 分）

（1）答案：在等概率情况下，顺序表中插入一个结点需平均移动 $^n/2$ 个结点。删除一个结点需平均移动（n-1）/2 个结点，具体的移动次数取决于顺序表的长度 n 以及需插入或删除的位置 i。i 越接近 n 则所需移动的结点数越少。

说明：特别地，如果插入或删除的是最后一个元素，则不需要移动其他元素。在第 i 个位置插入或删除，需移动 n-i 个元素。

（2）答案：公式如下（设采用第二种方法，front 指向真正的队首元素，rear 指向真正队尾后一位置，向量空间大小为：

QueueSize Queuelen=(QueueSize+rear-front)%QueueSize

说明：之所以要加 Queuesize 是因为 reatr 可能小于 front。

（3）答案：已知某二叉树的前根排序序列和中根排序序列，可以唯一确定一棵二叉树，该二叉树是：

说明：方法是先由先根序列得到根结点（序列第一个结点），再由中根序列得到左子树的结点和右子树的结点（在序列中分别位于根结点的左侧和右侧），再依此递推。

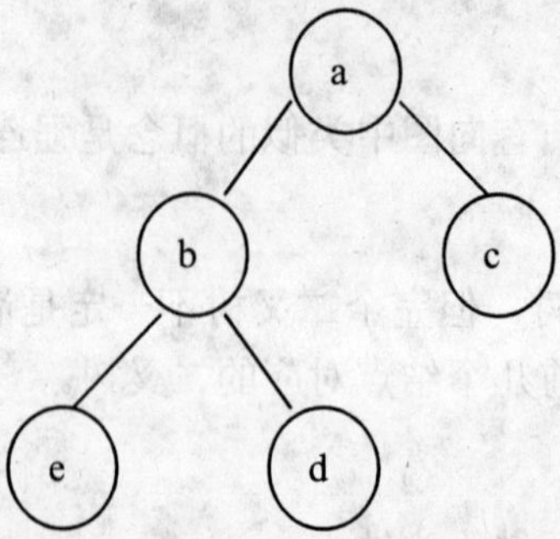

（4）答案：见右图图解。必须比赛 6(6-1)/2＝15（场）。

现已比赛 6 场，还剩 9 场，安排如下：

第一周：AF　BC　ED

第二周：AD　BE　FC

第三周：AE　FD

第四周：CD

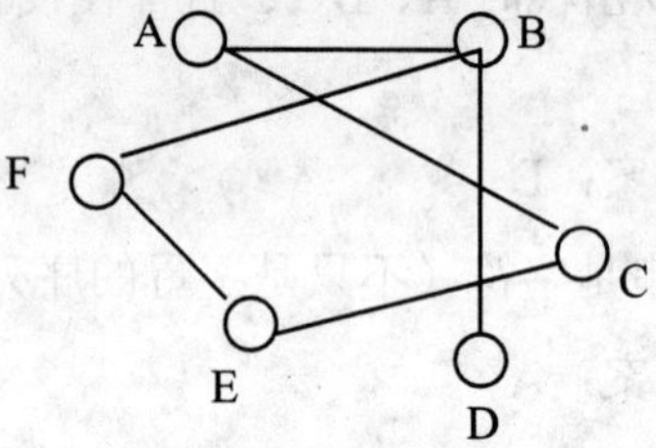

说明：答案中各周安排可以互换。得到的方法是在右图中每次联结两个有边的结点。

（5）答案：倒排文件也是对数据文件中的主关键字和次关键字分别建立索引，但索引是用倒排表。同一类关键字用一个倒排表，一个倒排表中按关键字标出有序的记录号。

说明：倒排文件是一种多关键字文件。

4．基本编程题：（每小题 10 分，共 30 分）

（1）答案：算法如下：

```
int Listleng (LinkList   L)
  {
  int len=0;
  ListNode *p;
  P=L;//设该表有头结点
  While (p→next)
    {
    P=P→next;
    Len++
    }
   return Len;
  }
```

说明：由于在单链表中只给出一个头指针，所以只能用遍历的方法来数单链表中的结点个数。

（2）答案：1）求结点数的递归定义为：

若为空树，结点数为 0；

若只有根结点，则结点数为 1；

否则，结点数为根结点的左子树结点数＋右子树结点数。

2）求叶子数的递归定义为；

若为空树，叶子数为 0；

若只有根结点，则叶子数为 1；

否则，叶子数为根结点的左子数叶子数＋右子树叶子数。

```
typedef choa DataType; /*定义 DataType 类型*/
typedef struct node{
  DataType data;
  Struct node*ichuld,*rchild; /*左右孩子子树*/
}BinTNode; /*结点类型*/
typedef BinTNode*BinTree; /*二叉树类型*/
int Node (BinTree T)
  {/*算结点数*/
    if(T)
          if(T→lchild= =NULL)&&(T→rchild= =NULL)
        return l;
      else return Node(T→lchild+Node(T→rchild)+1;
    else return0;
   }
    int Leaf(BinTree T)
      {/*算叶子数*/
        if(T)
        if(T→Lchild= =NULL&&(T→rchild= =NULL)
           return l;
      else return Leaf(T→lchild)+(T→rchild);
    else return0;
  }
```

说明：二叉树的问题一般用递归方法解决，递地注意递归出口。有时可能出口不只一个，如本例中，结点数为 0 为 1 都是递归出口。

（3）答案：算法如下：

```
Queuelength(Lq)
{
```

```
        P=Lq→front→next;
        i=0;
        while (P);
        {
            P=P→next;
            i++;
        }
          return(i);
        }
```

说明：其实就是遍历链表并计数。

5．综合算法题：（10 分）

答案：1）本小题是计算数组 A 的最外围的 4 条边的所有元素之和，先分别求出各边的元素之和，累加后减除 4 个角的重复相加的元素即为所求。

2）本小题的互不相邻是指上、下、左、右、对角线均不相邻，即求第 0，2，4，…的各行中第 0，2，3，…列的所有元素之和，函数中用 i 和 j 变量控制即可。

3）本小题中的一条对角线是 A[i][i](0≤i≤m-1)，另一条对角线是 A[m-i-1,i](0≤i≤m-1)，所以用循环实现即可。

实现此题功能的函数如下：

```
#include<stdio.h>
  /*实现(1)小题功能的函数*/
  uoid procl (matrix A)
  {
    int S=0,i,j;
    for (i=0;i<m;i++)      /*第一列*/
    S=S+A[i],[i];
    for (i=0;i<m;i++)       /*最后一列*/
    S=S+A[i][n-1];
    for (j=0;j<n;j++)       /*第一行*/
    S=S+A[0][j];
    for(j=0;j<n;j++)      /*最后一行*/
    S=S+A[m-1][j]
    S=S-A[0][0]-A[0][n-1]-A[m-1][0]-A[m-1][n-1];/*减去 4 个角的重复元素值*/
   printf("S=%d\n",S);
 }
 /*实现(2)小题功能的函数*/
```

```
uoid proc2(matrix A)
{
    int S=0,i=0,j;
do
    {
        j=0;
        do
        {
            S=S+A[i][j];
            j=j+2;      /*跳过一列*/
            } while (j<n);
            i=i+2;      /*跳过一行*/
        }while (I<m);
        printf ("S=%d\n",S);
        }
        /*实现(3)小题功能的函数*/
        uoid proc3(matrix A)
        {
          int i,S;
          if (m!=n)   Prinf("m≠n");
          else
          {
              S=0;
              for(i=0;i<m;i+ +)
                S=S+A[i][i];            /*求第一条对角线之和*/
              for (i=0;i<n;i++
                S=S+A[n-i-1][i]:    /*累加第二条对角线之和*/
              Printf("S=^%d\n",s);
              }
```

第七套习题解答

1．填空题：（每小题 1 分，共 10 分）

（1）答案：数据元素　　　　二元关系

说明：这是数据结构的形式化定义。

（2）答案：文件本身或（主文件）　　　　索引表

说明：根据主文件是否有序，索引文件又分为索引顺序文件索引无序文件。

（3）答案：O(n)　　　　O(n)

说明：顺序查找对于顺序表和链表没有区别，但折半查找只能用于顺序表。

（4）答案：42

说明：A[8][5]是第 9 行的第 6 个元素，前 8 行共（1＋8）+8/2=36 个元素，因此 A[8][5]是第 36＋6＝42 个元素。

（5）答案：1

说明：无向图的邻接矩阵是对称矩阵。

（6）答案：顺序　　　　直接

说明：顺序存取适用于磁带文件，后两种适用于磁盘等随机存取设备。

（7）答案：$O(n\log_2 n)$　　　　$O(n^2)$

说明：快速排序是目前已知最快的排序方法，但这是就平均性能而言。

（8）答案：存储（或存储结构）

说明：不同的逻辑结构可能对应相同的存储结构，相同的逻辑结构也可能对应不同的存储结构。

（9）答案：进栈和出栈

说明：一般地，进栈时栈顶指针加 1，出栈时栈顶指针减 1。

（10）答案：①n(n-1)/2 ②n(n-1)

说明：分别是排列组合中的 C2n 和 P2n

2．选择题：（每小题 2 分，共 20 分）

（1）答案：B

说明：双链表中每个结点有两个指针，分别指向其直接前驱和直接后继。

（2）答案：C

说明：如图所示：

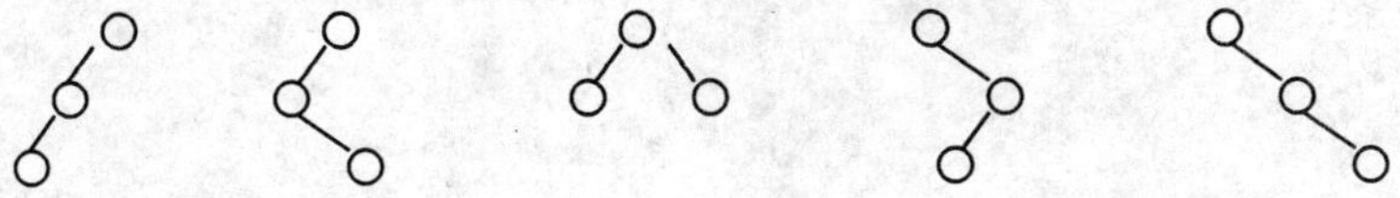

（3）答案：A

说明：每个顶点对应一个表头结点，每条无向边对应两个边结点。

（4）答案：C

说明：常用的外部排序算法是置换选择排序算法。

（5）答案：A

说明：队首指针并不指向队首元素。

（6）答案：D

说明：1/n+2/n+…+n/n=(1+n)n/2n=n(n+1)。

（7）答案：D

说明：结叔的带权路径长度为从该点到树根之间的路径长度与结点上权的乘积。树的带权路径长度为树中所有带权叶子结点的路径长度之和。

（8）答案：B

说明：要注意的是，链式存储时也可能碰巧各结点的存储地址连续。

（9）答案：C

说明：如图。

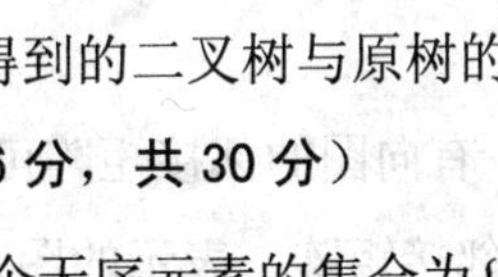

注意和选择题第（2）题的区别。

（10）答案：B

说明：这是由树转换得到的二叉树与原树的重要联系。

3．简答题：（每小题 6 分，共 30 分）

（1）答案：设有 500 个无序元素的集合为{K_3,K_{400},K_{201},K_{10}…}，其中，K_i 的下标 i 可取值 1~500。现要挑选出前 10 个元素来，即产生一个{K_1,K_2…,K_{10}}的排列。最快的排序方法是第一趟为快速排序法，其分区控制标准选为 K_{10}，其结果为：

[小于 K_{10} 的……]K_{10}[大于 K_{10} 的……]

共 9 个元素　　　共 490 个元素

对 9 个元素的无序序列采用直接插入排序就可产生{K_1,K_2,…,K_9}的有序排列了。使用上述先用快速排序一趟，再用直接插入排序的组合排序方式，比较的次数最少。

（2）答案：

1）

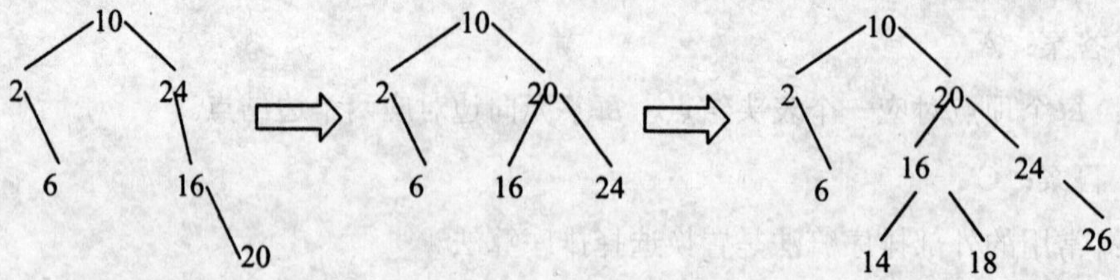

2）中序遍历序列为：2　6　10　14　16　18　20　24　26

3）

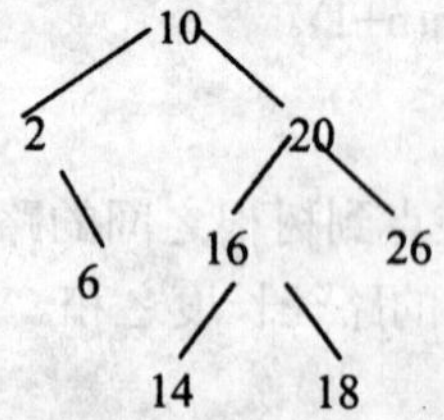

说明：AVL 树的中序遍历序列是有序序列。

（3）答案：（a）该邻接矩阵是 4 个结点的无向图或有向图的邻接矩阵，表示的图是：

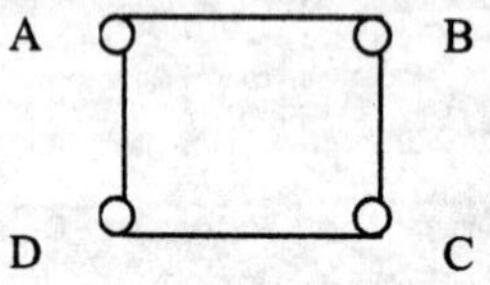

无向图

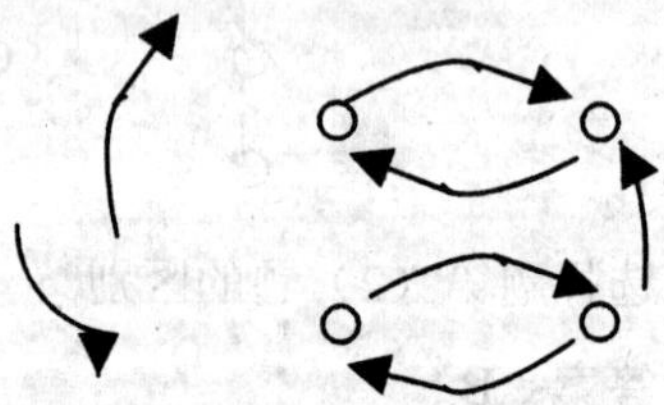

说明：无向图的邻接矩阵是对称矩阵。有向图的邻接矩阵可能是对称矩阵。

（b）邻接矩阵是 5 个结点的有向图的邻接矩阵，表示的图是：

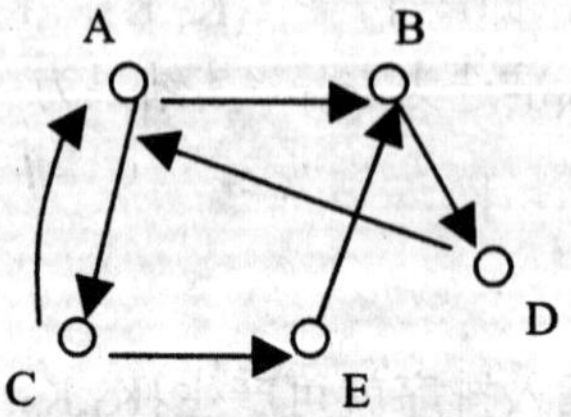

说明：邻接矩阵不是对称矩阵的衅一定是有向图。

（4）

答案：

0	1	2	3	4	5	6	7	8	9
27			52	88	75	33	41	12	66

ASL=(1×2+2×2+4+5+7)/8=23/8

说明：注意前提是等概率，即各元素等于查找元素和概率均为 1 / 8。

（5）答案：Tail (L)=(((c,d)),(e,f))=A

Head(A)=((c,d))=B

Head(B)=(c,d)=C

Tail(c)=(d)=D

Heae(D)=d

说明：仪表的第一个元素（可能是原子也可能是表）称为表头，其余元素组成的表称为表尾。

4．基本算法题：（每小题 10 分，共 30 分）

（1）答案：

```
Void enque(cquetypeqcd,dataypex)
  {if (cqd.front= =(cq.rear+c)%m)
    return("overflow");
   else {cq'rear=(cq.rear+1)%m;
        cq.data[cq.rear]=x;
        }
   }//enque
```

说明：入队时要判断队列是否已满，队满的条件是 cq.front——(cq.rear+1)%m

（2）答案：

```
void purge (linklist H)
  {p=H→next;
    if(p= =null)return;
    while(p→next!=null)
    {d=p;
    while(d→next!=null)
    if(d→next→data= =P→data)
    {r=d→next;
    d→next=d→next→next
```

```
        freer;
        }
            else d=d→next;
          p=p→next;
    }
    }//Purge
```

说明：对当前表中的每个结点，从其后继依次查找，若有数据值相同的结点则删除该结点。

（3）答案：依二叉排序树（BST）的定义，即一棵非空的二叉树，其左右子树皆为 BST 树，且左子树上的结点值皆小于根结点值，右子树上的结点值皆大于根结点值，则是二叉排序树。所以，该 BST 树经过中序遍历后的结点值为递增序列。设访问指针为 P，当前访问的结点值为 P→data，而设其前趋结点值为 pre，则判别一棵二叉树是否为 BST 树的算法描述如下：

```
P=root;//root 为二叉树的根结点指针
  Pre=-max;
  Call “判别过程 cbst”
  void cbst(btree P)
    {if (P!=null) {
    cbst (p! →Lc);
    if(pre<P→data)pre=P→data;
    else return( “不是 BST 树” );
   cbst(P→rc);}
  }//cbst
```

说明：在树的问题中，递归是很常用也很重要的方法。

5．综合算法题：（10 分）

答案：算法描述如下：

```
#define MaxNum   50    //图的最大顶点数
typedef    enum    {FALSE,TRUE}Boolean;
Boolean   visited   [MaxNum];
int   vexno[MaxNum];
void   BFSTrave(ALGraph*G);
{   int     front,rear,k;
    LinkNode *P;
    front=rear=0;
    for(k=0;k<G→vexnum;k++)
```

```
    Visited [k]=FALSE;
  For(k=0;k<G→vexnum;k++){
      if(!  visited[k]){
      visited[k]=TRuE;
      vexno[rear++]=K;
    }
    while (front<rear){
        for(P= G→adjlist[vexno[front++]].first;p;p=P→next
          if(!visited[p→adjvex]){
          visited[p→adjvex]=TRUE;
          vexno[rear++]=P→adjvex;
         }
       }
    }
  }
```

说明：其实和使用队列的算法一样，只是增加了出队、入队的具体代码。

第八套习题解答

1．填空题：（每小题 1 分，共 10 分）

（1）答案：没有　　1　　没有　　1

说明：线性表的特点就在于除首尾结点外每个结点有唯一的直接前驱和直接后继。

（2）答案：有穷性　　确定性　　可行性　　输入　　输出

说明：这是算法最本质的特证。

（3）答案：先取出元素、后移动栈顶指针

说明：对应地，入栈时先移动栈顶指针，后有入元素。

（4）答案：Sg.front=Sg.rear

说明：Sg 满的条件是 Sg.rear=(Sg.front+1)MOD N。

（5）答案：n

说明：例如，2 维数组中每个元素要受到行和列的约束。

（6）答案：n*(n+1)/2+1

说明：存储下三角部分的元素用去 n*(n+1)/2 个存储空间。

（7）答案：1

说明：注意不要答是 0。

（8）答案：37 / 12

说明：栈只允许在栈顶插入和删除元素。

（9）答案：最短

说明：深度为 n 的满二叉树共有 2^n-1 个结点。

（10）答案：栈顶

说明：队列元素只能人队尾入队，从队头出队。

2．选择题：（每小题 2 分，共 20 分）

（1）答案：A

说明：集合中数据元素之间除共属一个集合外没有其他关系。

（2）答案：B

说明：棋式匹配一般只求首次出现，不求所出现。

（3）答案：A

说明：其实在完成递归时，操作系统也要使用栈。

（4）答案：D　　B　　C　　B

说明：分别为求长度，取元素，插入，删除运算。

（5）答案：D

说明：栈是后进先出表。

（6）答案：B

说明：根结点没有父结点。

（7）答案：B

说明：满二叉树一定是完全二叉树，但完全二叉树不一定是满二叉树。

（8）答案：B

说明：拓扑排序只对有向图进行。

（9）答案：D

说明：动态查找表和静态查找表的区别在于可以动态进行插入、删除运算。

（10）答案：D

说明：散列文件又称直接存取文件。

3．简答题：（共 30 分）

（1）答案：算法的时间复杂度不仅与问题的规模相关，还与输入实例中的初始状态有关。但在最坏的情况下，其时间复杂度就是只与求解问题的规模相关的。我们在讨论时间复杂度时，一般就是以最坏情况下的时间复杂度为准的。

说明：但有时我们也讨论平均时间复杂度和最好情况下的复杂度，如在各种排序算法的比较中。

（2）答案：该算法的功能是：将开始结点摘下连接到终端结点之后成为新的终端结点，而原来的第二个结点成为新的开始结点，返回新链表的头指针。

说明：如果有头结点，就可以不必修改头指针，这是引入结点的好处之一。

（3）答案：如右图所示在未插入结点 h 前的中序遍历序列为 bdcfega。而在插入该结点后的中序遍历序列为 bdchfega。所以，当插入结点时，既要修改指针，还要修改线索。设辅助成指针 p，使得：

p=s→rshild→lchild;

即 p 指针指向结点 f。

t=malloc (sieof (bnode));

t→data=h;　t→rtag=0;

t→rchild=S　→rchild;

t→lchild=s;(或者 t→lchild=1 t→lchild;)

t→ltag=1;

s→rchild=t;　s→rtag=0;

p→ltag=1;

P→lchild=t;

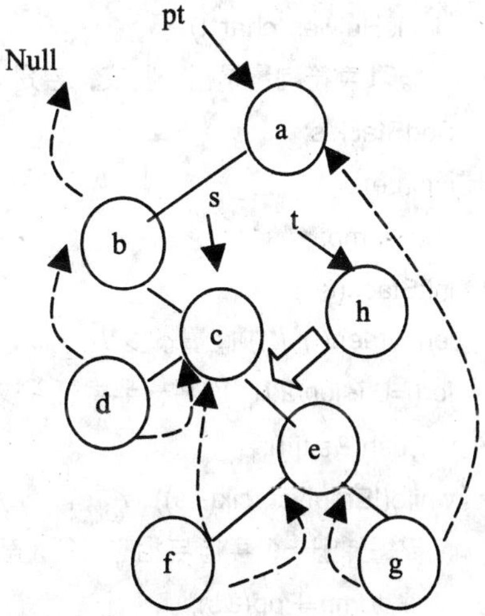

说明：对于前序线素二叉树和中序线索二叉树，可以不用栈来实现二叉树的遍历，而对于后序线索二叉树，在进行后序遍历时仍然需要栈。

（2）答案：

1）出栈序列是 A；B；C，进行的操作是：

Push(S,A);Pop(S);Push(S,B);Pop(S);Push(S,C);Pop(S);

2）出栈序列是 C、B、A，进行的操作是：

Push(S,A);Push(S,B);Push(S,C);Pop(S);Pop(S);Pop(S);

3）出栈序列是 B、A、C，进行的操作是：

Push(S,A);Push(S,B);Pop(S);Pop(S);Pop(S);Push(S,C);Pop(S);

4）出栈序列是 A、C、B，进行的操作是：

Push(S,A);Pop(S);Push(S,B);Push(S,C);Pop(S);Pop(S);

5）出栈序列是 B、C、A，进行的操作是：

Push(S,A);Push(S,B);Pop(S);Push(S,C);Pop(S);Pop(S);

C、A、B 不会是出栈序列。

说明：C、A、B 不会是出栈序列是因为：C 出栈后，若 A、B 都在栈中，则必然 A 在 B 之前进栈，因此 B 应该在 A 之前出栈。

4．基本编程题：（每小题 10 分，共 30 分）

（1）答案：根据提示，算法可设计为：

```
/*以下为顺序栈的存储结构定义*/
#define StackSize 100/*假定预分配的栈空间最多为 100 个元素*/
typedef char DataType; /*假定栈元素的数据类型为字符*/
typedef   Struct{
DataType data[StackSize];
int   top;
  }SedStack;
  int isHuiwen(char*t)
{/*判断 t 字符向量是否为回文，若是返回 1，否则返回 0*/
 SedStack s;
 int i,Len;
 char temp;
 initStack(&s);
 len=strlen(t); /*求向量长度*/
 for(i=0;i<len/2;i++)/*将一半字符入栈*/
    Push(&s,t[i]);
 while(!Emptystacik(&s))
    {/*每弹出一个字符与相应字符比较*/
      temp=Pop(&s);
```

```
        if(temp!=s[i])      return0; /*不等则返回 0*/
            else i++;
        }
    return 1; /*比较完毕均相等返回 1*/
}
```

说明：栈的一个重要应用是可以把菜序列倒序输出，要本题就利用了这一特点。

（2）答案：循环链表 LP 和 LQ 如下图所示，其尾结点的指针分别为 P 和 Q，则有 LP＝P→next; LQ=Q→next;

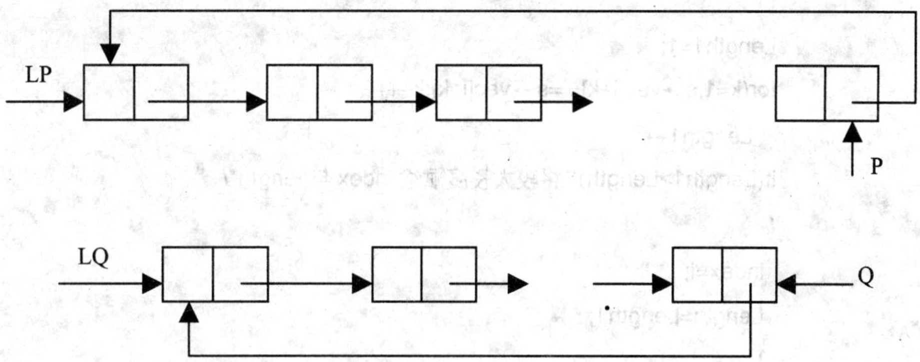

两循环链表的合并算法为：

```
void   union (Qcque&p,QcqueQ)
  {P→next=LQ→next;;
    P→next=LP;
    free(LQ);
    P=Q;
  }//union
```

说明：LP、LQ 均为头结点，合并后 LP 为新表头结点，LQ 被删去。

（3）答案：实现本题功能的函数如下：

```
# inctude<stdio.h>
#define   m0   30
typedef   Struct
        {
          char Ven[m0];
          int   Len;
        }orderstring;
  void   maxsubstr(s)
  Orderstring*s;
```

```
{
    int index=0,Length=0,Length1,i=0,j,k;
    while (j<s→len)
    {
        j=i+1;
        while(j<s→Len)
        {
         if(s→Vec[i])/*找一个子串，其序号为 i，长度为 Lehgth1*/
         {
         Length1=1;
         for(k=1;s→vec[i+k]= =s→vec[j+k];k++)
            Length1++;
         if(Length1>Length)/*将较大长度赋给 index 与 length*/
         {
          index=i;
          Length=Length1;
          }
     j+=Length1;
  }
    else   j++;
    }
    i++;/*继续扫描第 i 字符之后的字符*/
    }
    printf( “一最长重复子串:” )
   for(i=0;i<length;i++);
     printf(“%c”,s→Vec[index+i]);
    }
```

说明：在寻找重复子串时，对每一个字符，都和它之后的所序位置上的字符相比较，如果相等，则继续比较后字符。

5．综合算法题：（10 分）

答案：改写后的算法如下：

```
void QuickSort (SeqList R,int low,int high)
  {/*对 R[low.high]快速排序*/
    int pivotpos;
    if(high-iow<=2) /*若为前区内元素少于 3 个*/
```

```
        {/*则进行直接插入排序*/
            InsertSort(R,low,high);
        }
    else
        {
            pivotpos=midpartion(R,low,high);
            QuickSort(R,low,pivotpos-1);
            QuickSotr(R,pivotpos+1,high);
        }
    }//Quick Sort

    int midpartion(Seqlist R,int i,int j)
        {/*三者取中规则定基准*/
            if(R[i+j]/2).keh>R[i].key)
                {交换 R[(i+j)/2]和 R[i];}
            if(R[i].key>R[j].key)
                {交换 R[i]和 R[j];}
            if(R[i].key)<R[(i+j)/2].key)
                {交换 R[i]和 R[(i+j)/2;]}
            /*以上三个 if 语句就使区间的第一个记录 key 值为三个 key 的中间值 return*/
Partion(R,i,j); /*这样我们就可以仍使用原来的划分算法了*/
        }
```

说明：快速排序算法一般都要使用递归。另外，注意算法中的三个 if 语句是都应该执行的，不要使用 if…else if 的结构。

第九套习题解答

1．填空题：（每小题 1 分，共 10 分）

（1）答案：不一定保持不变

说明：也可答为“可能改变”，即改变与否是不确定的。

（2）答案：冒泡

说明：在基本有序情况下，昌泡排序运算次数最少。

（3）答案：主文件

说明：根据主文件是否有序，索引文件又可分为索引顺序文件和索引无序文件。

（4）答案：主文件

说明：ISAM 文件是一种专为磁盘再取设计的文件组织方式，它使用盘组、标面、磁盘三级索引。

（5）答案：散列

说明：散列方式也称哈希方式，散列表也称哈邻表。

（6）答案：2n

说明：每条边对应两个边结点。

（7）答案：左孩子

说明：该函数返回指向 X 左孩子结点的指针。

（8）答案：队空否

说明：对应地，在入队前要判断栈满否。

（9）答案：行数

说明：三元组是以第 1 列即行号递增排序的。

（10）答案：紧缩和非紧缩

说明：紧缩方式用一个字节存储一个字符，而非紧缩方式则用多个字节（如 1 个字）。

2．选择题：（每小题 2 分，共 20 分）

（1）答案：B

说明：索引方式中并非每个结点都包含指针。

（2）答案：B

说明：事实上采用记录的目的就是希望的几个不同类型的数据当作一个整体进行运算。

（3）答案：B

说明：两个指针，一个指向直接前趋结点，一个指向直接后继结点。

（4）答案：C

说明：运算 DELETE（s,z）删除串 s 中第 2 个字符。

（5）答案：A

说明：Pop(s)后 b 已出栈，栈顶元素为 a。

（6）答案：C

说明：数组一般不作插入和删除运算，也就是说，一旦建立了数组，则结构中的数据元素个数和元素之间的关系，就不再发生变动。

（7）答案：A

说明：注意默认结点从 1 开始逐层顺次编号。

（8）答案：A

说明：每条有向边对应一个结点。

（9）答案：D

说明：散列查找方法可由数据本身确定数据的位置。

（10）答案：A

说明：顺序文件不能随机存取，只能顺序存取。

3．简答题：（共 30 分）

（1）

答案：1）

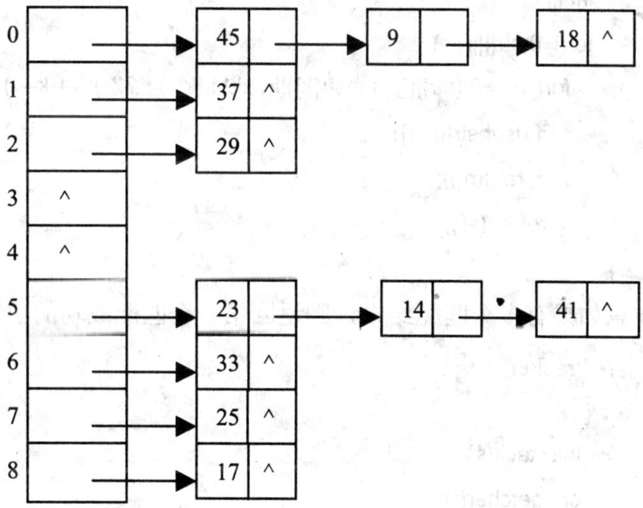

2）各关键字的比较次数为：

关键字	23	45	14	17	9	29	37	18	25	41	33
比较次数	1	1	2	1	2	1	1	3	1	3	1

3）平均查找长度　ASL=(1+1+2+1+2+1+1+3+1+3+1)/11=17/11

说明：散列法的平均查找长度远远小于顺序查找。

（2）答案：在单链表中设置头结点的目的主要是为了使在第一个结点位置插入数据元素操作和在其他结点位置插入数据元素操作相同以及删除第一个结点数据元素操作和删除其他结点数据元素操作相同。

说明：虽然多用一个结点的存储空间，但使操作更简便。

（3）答案：借助数组将 S 栈内的元素倒置。

说明：先出栈，再按照出栈顺序入栈，就完成了倒置操作。

（4）答案：1）二叉树的前序遍历序列为：ABDFCEG；

2）二叉树的中序遍历序列为：DFBACGE；

3）二叉树的后序遍历序列为：FDBGECA。

说明：关键是把握好根结点的位置（分别在前、中、后），并递归用于各子树。

4．基本编程题：（每小题 10 分，共 30 分）

（1）答案：实现此题功能的函数如下：

```
int  Pattern__index(substr,str)
orderstring*substr,*str;
{
    int i,j,k;
    for(i=0;str[i];i++)
      for(j=i,k=0;(str[j]==substr[k])!!(substr[k]= "?" );j++,k++)
        if (!substr[k+1])
          return(i);
        return(-1);
  }
```

说明：注意如果有多个匹配结果，则返回第一个匹配成功的位置。

（2）答案：Pracket( )

```
{
  initStack(s);
  ch=getchar( );
  while(ch!='#')
  {
  if(ch= =')'push(s,ch);
  if(ch= =`])`,
  {
```

```
      if(EmptyStack(s))printf "不配对，]多" );
        else
          Pop(s,x);
      ch=getchar( );
      }
    }
    if(!Empty stack(s))printf( "不配对，[多" );
  }
```

说明：判断括号匹配是栈的典型应用之一，注意算法中用栈是否为空判断哪种括号多的方法。

（3）答案：

1）在 i 表中 j 项后插入元素 x:

```
void ins(int i,int j,datatype x)
  {if(R[n]= =m) return("overflow");
    else for (L=n;L=i+1;L--){
      for (k=R[1];k=F[t];k--)
        S[k+1]=S[k]; /*移动 n…i+1 表中元素*/
       R[L]=R[L]+1;
       F[L]=F[L]+1};
       for(L=R[i];L=j+1;L--)
         S[L+1]=S[L]; /*移动 i 表中 j 项后元素*/
         S[L]=x;
         R[i]=R[i]+1;
     }//ins
```

2）删除 i 表中的第 j 个元素：

```
void delt(int i,int j)
   {for(L=F[i]+j;L<=m;L++)
       S[L]=S[L+1]; /*平移元素*/
    for (L=i;L<=n;L++)
       R[L]=R[L]-1;
    for(L=i+1;L<=n;L++)
       F[L]=F[L]-1;
   }//delt
```

说明：此题实际上为解决当一个连续空间(m)中有几个线性表存在时，在其元素的插入和删除算法的描述（第 i 个表的元素为 F[i]，其中，F[i]…R[i]，其中，F[i]为首元素，R[i]为尾元素）。

5．综合算法题：（10 分）

答案：实现此题功能的函数如下；

```
void matadd(A,B,C)
 Smatrik A,B,C;
{
 int i=1;j=1,k=1;
 while (i<=A[0][2] &&j<B[0][2]
/*若 A 的当前项的行号等于 B 的当前项的行号，则比较其列号，将较小列的项存入 C 中，如果列号也相等，则将对应的元素值相加后存入 C 中*/
if(A[i][0]= =B[j][0])
  if(A[i][1]<B[j][1])
  {
   C[k][0]=A[i][0];
   C[k][1]=A[i][1];
   C[k][2]=A[i][2];
   k++;i++;
  }
   else if (A[i][1]>B[j][1])
      {
       C[k][0]=B[i][0];
       C[k][1]=B[i][1];
       C[k][2]=B[i][2];
       k++;i++;
      }
    ekse
    {
C[k][0]=A[i][0];
      C[k][1]=A[i][1];
      C[k][2]=A[i][2]+B[j][2];
      k++;i++;j++;
      }
       else if (A[i][0]<B[j][0])
      /*若 A 的当前项的行号小于 B 的当前项的行号，则将 A 的项存入 C 中*/
      {
       C[k][0]=A[i][0];
```

```
C[k][1]=A[i][1];
C[k][2]=A[i][2];
k++;i++;
}
 else
 /*若 A 的当前项的行号大于 B 的当前项的行号，则将 B 的项存入 C 中*/
 {
  C[k][0]=A[i][0];
  C[k][1]=A[i][1];
  C[k][2]=A[i][2];
  k++;i++;
  }
  C[0][0]=A[0][0];/*产生第 0 行的结果*/
      C[0][1]=A[0][1];C[0][2]=k-1;
}
```

说明：注意充分考虑各种可能的情况。另外，按答案中的算法，如果 A，B 中的三元组按行号递增有序，则 C 仍保持这一特点。

第十套习题解答

1．填空题：（每小题1分，共10分）

（1）答案：1234

说明：队列的特点是先进先出(FIFO)。

（2）答案：双亲结点

说明：双亲结点比孩子结点小的堆称小根堆；双亲结点化孩子结点大的唯称大根堆。

（3）答案：顺序存储和链式存储

说明：用顺序存储结构存储的线性表称作顺序表；用链式存储结构存储的线性表称作链表。

（4）答案：栈空否

说明：在进栈操作时要判断栈满否。

（5）答案：n　　n

说明：邻接矩阵大小与边数无关。

（6）答案：2i　2i+1　i/2

说明：注意题目中的条件 $1 \leqslant i \leqslant n$ 是不可少的。如果结点不是从1开始编号，那么上面的公式就不适用。

（7）答案：$O(\log_2 n)$

说明：二分查找的缺点在于要求查找表必须是有序的。

（8）答案：最短路径

说明：迪杰斯特拉(Dijkstra)算法用于求图中某一顶点到其他所有顶点的最短路径。

（9）答案：n_2+1

说明：这是二叉树的一个重要性质，需要熟记。

（10）答案：哈希

说明：直接存取文件又称为散列文件或哈希文件。

2．选择题：（每小题2分，共20分）

（1）答案：C

说明：倒排文件适用于需要对次关键字进行查找的情况。

（2）答案：D

说明：归并排序需要和待排记录相等数量的辅助空间。

（3）答案：B

说明：二叉排序树用于查找，不要误以为它用于排序。

（4）答案：B

说明：有向图中，所有顶点的入度之和等于所有顶点的出度之和。

（5）答案：C

说明：深度为 n 的二叉树至多有 2^n-1 个结点。

（6）答案：B

说明：线性表可用顺序结构和链结构存储，分别称为顺序和链表。

（7）答案：D

说明：无圈图又称无环图。

（8）答案：A

说明：栈满的条件是 top=MAX-SIIE。

（9）答案：A

说明：终端结点(即叶结点)不包含条件。

（10）答案：A

说明：索引文件分为索引顺序文件和索引无序文件。

3．简答题：（共 30 分）

（1）答案：

数据元素：就是数据的基本单位，在某些情况下，数据元素也称为元素、结点、顶点、记录。数据元素有时可以由若干数据项组成。

数据类型：是一个值的集合以及在这些值上定放的一组操作的总称。

数据结构：指的是数据之间的相互关系，即数据的组织形式。一般包括三个方面的内容：数据的逻辑结构、存储结构和数据的运算。

逻辑结构：指各数据元素之间的逻辑关系。

存储结构：就是数据的逻辑结构用计算机语言的实现。

线性结构：数据逻辑结构中的一类，它的特征是若结构为非空集，则该结构有且只有一个开始结点和一个终端结点，并且所有结点都最多只有一个直接前趋和一个直接后继，线性表就是一个典型的线性结构。

非线性结构：数据逻辑结构中的另一大类，它的逻辑特征是一个结点可能有多个直接前趋和直接后继。

说明：数据的逻辑结构分为线性结构和非线性结构。非线性结构又分为树结构和图结构。

（2）阅读算法，回答问题（每小题 8 分，共 16 分）

1）答案：该算法被调用后得到的输出结果为：

15　12　8　5　130　30

说明：前两次 Pop 操作 50 和 40 出栈，然后将 130，5，8，12，15 依次压入栈中。

2）答案：此算法功能为：从初始点 vi 出发广度优先搜索由邻接表 GL 所表示的图。

说明：注意算法中队列的作用。正是队列的先入出性质保证了搜索是广度优先的。

4．基本编程题：（每小题 10 分，共 30 分）

（1）答案：

1）顺序实现：

```
# defune   MAXSIZE   100   /*顺序表的容量*/
struct datatype {          /*档案数据类型*/
     char name[10];        /*姓名*/
     int number;           /*学号*/
     int sex;              /*性别*/
     int age;              /*年龄*/
};
struct Slist{
     datatype data[MAXSIZE];
     int Last;          /*最后一项记事的位置*/
};
```

2）链接实现：

```
styuct node {
   char   name[10]
   int    number;
   int    sex;
   int    age;
styuct node next;          /*结点的后继指针*/
};
node *Lint;
```

说明：注意在顺序实现时除数组外，必须多有一个量指明记录的个数或最后一项记录的位置。

（2）答案：

```
int dfs(AdjLjt(rraph g,int i,int j)
{
if(I==j)return(0);
else
```

```
    {
     w=g[i].next;
     b=1;
     Visited[i]=1;
     while(w&&!b)
       {
        if(!Visited[w→dajvex])b=dfs(g,w→dajvex,j);
        w=w→next;
        }
        }
      return(b);
   }
```

说明：答案中算法如果从 Ui 到 Uj 有路径则返回 0，否则返回 1。注意算法中递归的运用。

（3）答案：实现此题功能的函数如下；

```
Correct (exp,tag)
char exp[n];
int   tag;
{
   char St[m0];
   int top=0,i=1;
   tag=1;
   while(i<=n   && tag)
   {
      if(exp[i]= = ‘ (’  || exp[i]= = ‘ [’  || exp[i]= = ‘ {’
      /*遇到‘ C’ 、‘ [’ 、‘ {’ ,则将其入栈*/
   {
      top++;
      st[top]=exp[i];
    }
     if(exp[i]= = ‘ )’ )/*遇到‘ )’ 若栈顶是‘ (’ ，则继续处理，否则以不配对返回*/
     if(st[top]= = ‘ (’ )top--;
     else   tag=0;
     if(exp[i]= = ‘ )’ )/*遇到‘ ]’ ,若栈顶是‘ [’ ，则继续处理，否则以不配对返回*/
     if (st[top]= = ‘ [’ ,top--;
     else tag=0;
```

```
        if(st[top]= = ` )´ /*遇到` }´ ,若栈顶是` {´ ，则继续处理，否则以不配对返回*/
        if(st[top]= = ` {´ }    top–;
          else tag=0;
          i++;
        }
        if(top>0) tag=0;/*若栈不空，则不配对*/
       }
```

说明：括号配对问题是栈的典型应用一。题中算法自己实现了栈的操作，也可以直接使用 Push 和 Pop 操作。

5. 综合算法题：（10 分）

答案：

```
#include<stdio.h>
  typedef  struct  node{
   int  data;
    struct  node* next;
   }Llist;


void Sep_List(Llist*head){
    Llist*P=head→next;
    Llist*head0,*head1,*head2;
    Llist*tail0,*tail,*tail2;
    int.i0=i1=i2=0;
    head0=tail0=(Llist*)malloc(Sizeof(Llist));
    head1=tail1=(Llist*)malloc(sizeof(Llist));
    head2=tail2=(Llist*)malloc(sizeof(Llist));
/*……假设头结点空间动态分配成功，不进行是否为空的判断……*/
    while(p!=NULL){
        if(p→data%3= =0)
          {tail0→next=p;
           tail0=p
           i0++;}
          elseif(P→data%3= =1)
            {tail1→next=p;
              tail1=p;
              i1++;}
```

```
        else
          {tail2→next=p;
           tail2=p;
           i2++;}
        p=p→next;
        }
    tail0→next=tail1→next=tail2→next=NULL;
    head0→data=i0;
    head1→data=i1;
    head2→data=i2;
    }
```

说明：遍历原链表，将其分为 3 个链表，在分的过程中记录结点个数并在最后写入头结点数据域中。

第十一套习题解答

1．填空：（共 10 分）

（1）答案：顺序存储结构　　　链式存储结构

说明：采用顺序存储结构和链式存储结构存储的栈分别称为顺序栈和链栈。

（2）答案：归并

说明：外部排序是指对文件中的数据（存储在外存中）进行排序，其数据量很大，不可能也不应该将其全部调入内存再用内部排序处算法排序。

（3）答案：两个串长度相等且对应位置的字符相同

说明：由上面定义可以判断，空串和空格串并不相等。

（4）答案：i*(i-1)/2+j

说明：前 i-1 行共 i*(i-1)/2 个元素，因此 A[i,j]的位置为 i*(i-1)/2+j。

（5）答案：不减

说明：三元组中第一个数据表示该元素的行号，稀疏矩阵的三元组存储要求行号按非减顺序排列。

（6）答案：20

说明：如果结点从 1 开始编号，则编号为 i 的结点左孩子为 2i，右孩子为 2i+1。

（7）答案：高

说明：给频度高的字符分配矩的编码可以用较少的编码传输较大的信息量。分配方法是在构造哈夫曼树时频度越大的字符对应的结点越靠边根。

（8）答案：有边

说明：如果 Vi 和 Vj 之间有边，则 A[i][j]=A[j][i]=1。其中 A 为图的邻接矩阵。

（9）答案：插入删除和初始化

说明：静态查找表只能查找不能修改，而动态查找表则可以做上述 3 种修改运算。

（10）答案：开放定址法和链接法

说明：开放定址法是从发生冲突的单元开始按照一定次序从散列表中查找一个空闲单元，用以存储发生冲突的待插入元素；链接法是把发生冲突的同义词元素（结点）用单链表链接起来。

（11）答案：顺序存取速度快

说明：顺序文件的缺点是不利于随机存取。

2．选择题：（每小题 2 分，共 20 分）

（1）答案：D

说明：稳定的排序方法有：直接插入排序、冒泡排序和归并排序；不稳定的排序方法有：希尔排序、直接选择排序、快速排序和堆排序。

（2）答案：A

说明：同一数组的各元素类型相同，因而长度相同。

（3）答案：B

说明：事实上，操作系统和编译系统在递归时大多使用栈。

（4）答案：C

说明：共 5 个三元组，每个占一行，因此有 5 行 3 列。但有时也再加一行，用于存储稀疏数组的行数、列数和非零元素数。

（5）答案：D

说明：动态查找的过程中可以修改查找的数据结构。

（6）答案：A

说明：每条边都对应 A[i][j]和 A[j][i]两个等于的元素。

（7）答案：B

说明：稳定的排序方法有：直接插入排序、冒泡排序和归并排序；不稳定的排序方法有：希尔排序、直接选择排序、快速排序和堆排序。

（8）答案：A

说明：若顺序文件中的记录同时按关键字有序，则称此顺序文件为顺序有序文件；否则称为顺序无序文件。

（9）答案：D

说明：静态查找是指查找时要查找的数据结构已建立好，查找过程中不能修改。动态查找在查找过程中可以做插入、删除等操作。

（10）答案：A

说明：算法 5 个重要特征是：有穷性、确定性、可行性、输入、输出。

3．简答题：（每小题 6 分，共 30 分）

（1）答案：顺序存储结构是将各数据元素按其之间的逻辑关系存放在一块连续的存储空间内，数据元素的存储位置体现数据元素之间的逻辑关系。链式存储结构各数据元素不一定存储在连续的一块存储空间内，数据元素之间的逻辑关系与存储位置没有一一对应的关系，数据元素之间的逻辑关系，是依靠附加在存储数据元素的结点中的指针表示。

说明：顺序存储结构与链式存储结构本质上都是线性存储结构。

（2）答案：

A 进　A 出　B 进　B 出　C 进　C 出　产生输出序列 ABC

A 进　A 出　B 进　C 进　C 出　B 出　产生输出序列 ACB

A进　B进　B出　A出　C进　C出　产生输出序列BAC

A进　B进　B出　C进　C出　A出　产生输出序列BCA

A进　B进　C进　C出　B出　A出　产生输出序列CBA

不可能产生输出序列CAB。

说明：不可能中生输出序列CAB是因为当C出栈时，A、B在栈中，则出栈顺序只能是B、A，不能是A、B。

（3）答案：由二叉树性质可得，任一棵二叉树皆存在着$n_0=n_2+1$的关系。其中，n_0为叶子结点数目；n_2为双叉结点数目。

高度为h的二叉树，至多有结点总数为$n=(2^h-1)$个。其中，n包括n_0n_1和n_2，n_1为单叉结点数目。通常称n_1和n_2为二叉树的内部结点。

被称为满二叉树的高度为h的结点总数最多，此时有$n_1=0$，$n_0=2^{h-1}$，$n_2=2^{h-1}-1$(n_2中有一个被称为根结点)。

故此题得证。

说明：关于二叉树结点数目的问题经常会用到$n_o=n_1+1$的关系和满二叉树的结点总数、叶结点数与高度的关系。

（4）答案：VSAM文件是属于索引顺序文件的组织方式。VSAM文件采用动态索引结构。

说明：VSAM文件是一种采用B＋树作为动态索引的索引的索引顺序文件。其结据由3部分组成：索引集、顺序集和数据集。

（5）答案：1）head(head(tail(L)))

2）(d,(e))

( )或 nil

说明：计算过程中要清楚表尾也是一个表，不要忘了加最外层的括号。

4. 基本编程题：（每小题10分，共30分）

（1）　答案：

```
BinTree pre=NULL;   /*pre 指向当前访问结点的前驱*/
            int   bst (BinTree t)
            {
if(t= =NULL)
    return(1); /*递归出口*/
if(bst(t→Lchitd)) /*递归调用*/
    if(pre= =NULL || pre→data<=t→data){
        pre=t;
        return(bst(t→Rchild));
```

```
    }
    return(0);
  }
```

说明：算法的主要部分是：如果当前结点的数亲结点的数据小于或等于当前结点的数据，则向左、右子树递归，否则返回0。

（2）答案：

```
void finds(int A[m][n])
   {for(i=1;i<=m;i++){
     t=A[i][1];k=1;
     B[k]=1; /* B为可能鞍点存储的一维数组*/
     for (j=2;j<=n;j++)
     If(t>A[i][j]),{
       t=A[i][j];k=1;B[k]=j;}
       else if(t= =A[i][j]){
         k++;B[k]=j};
       for(j1=1;j1<=k;j1++){
         f=true; j2=B[j];
         for(i1=1;i1<=m;i1++)
         if t<A[i1][j1]
           f=false;
         if(f)printf("鞍点:%d.%d%d",i,B[j1],t)}
      }
   }//funds
```

说明：对数组的每一行先求出其最小值，然后再判断该最小值在所在列是否是最大值。注意最小值和最大值可能都不只一个。

（3）答案：

```
int str_count(substr,str)
   orderstring*substr,*str)
   {
    int i=0,j,k,count=0;
    for(i=0;str→vec[i];i++)
       for(j=i,k=0;(str→vec[j]= =substr→vec[k]);j++,k++)
       if(k= =substr→len-1)/*可用！ substr→vec[k+1]  作为条件*/
count++;
    return( count);
  }
```

说明：这是最简单的方法，即在str的某个位置都和substr匹配一遍。也可以通过修改模式匹配的 KMP 算法来获得快速算法。

5．综合算法题：（10 分）

答案：
```
typedef    enum{FALSE,TRUE}BOOLEAN;
      void   DbubSort(SeqList R,int n)
      {int    i,j,k;
          BOOLEAN    exchange;
          i=1;
          k=n'
          while(i<k){
             exchange=FALSE;
             for(j=i;j<k;j++)
               if(R[j+1].key<R[j].key){
                  exchange=TRUE;
                  R[0]=R[j];
                  R[j]=R[j+1];
                  R[j+1]=R[0];
               }
            if(! exchange)
                return;
            k--;
            exchange=FALSE;
            for(j=k;j>i;j--)
                If(R[j].key<R[j-1].key){
                exchange=TRUE;
                R[0]=R[j];
                R[j]=R[j-1];
                R[j-1]=R[0];
               }
          if(! exchange)
             return;
             i++;
            }
          }
```

说明：算法中 exchange 的作用是判断是否进行过交换。若在一趟中未进行交换，则说明已排好序，函数返回。

第十二套习题解答

1．填空题：（每小题 1 分，共 10 分）

（1）答案：更新

说明：数据结构上的运算主要有：插入、删除、更新、查找等。

（2）答案：(sq->rear+1)%M==sq->front

说明：sq 为空的条件是 sq→rear=sq→front。

（3）答案：a、b、c、d

说明：队列的特点是先进先出（FIFO）。

（4）答案：返回地址

说明：在操作系统中，返回地址被压入系统栈。

（5）答案：33

说明：对于对称矩阵，只存储其下三角部分。即 A[1][1]，A[2][1]，A[2][2]，A[3][1]，…，A[10][10]，第 n 行存储其 n 个元素。前 7 行共 1+2+3+…+7=28 个元素，因此从 A[1][1]到 A[8][3]共 33 个元素。则 A[8][5]的地址为 33。

（6）答案：(a)　　　　　　(((b)，c)，(d))

说明：广义表中第一个元素称为表头，除第一个元素外的元素组成的表称为表尾。

（7）答案：5

说明：如果结点从 1 开始编号，则第 i 个结点的左右孩子结点的编号分别是 2i 求 2i+1。

（8）答案：n(n-1)/2

说明：n 个顶点的有向完全图有 n(n-1)条有向边。

（9）答案：散列函数

说明：散列查找几乎是直接定位的，查找效率很高。问题是需要找到好的散列函数。

（10）答案：一致

说明：文件的存储组织方式有顺序文件、索引文件、直接索取文件等。

2．选择题：（每小题 2 分，共 20 分）

（1）答案：C

说明：算法的效率分为时间效率和空间效率，分别用时间复杂度和空间复杂度来度量。

（2）答案：D

说明：线性表可以采用顺序表存储也可用链表存储。链表各结点的地址是不连续的。

（3）答案：A

说明：栈顶元素为 D。

（4）答案：C

说明：参见二叉树各种运算的定义。

（5）答案：A

说明：邻接矩阵 A 为 N 行 N 列的数组，A[i][j]=1 且 A[j][i]=1 当且仅当在图中顶点 i 与顶点 j 之间有边相连。

（6）答案：A

说明：二次探测再散列又称平方探测法，其探测序列为 d，$d+1^2$，$d+2^2$。在本题中，探测序列为 5，5+1，5+4，5 和 6 都有冲突，因此答案为 9。

（7）答案：C

说明：文件在外存的组织结构主要有这 3 种。其中散列文件又称直接存取文件。

（8）答案：A

说明：冒泡排序是稳定的内部排序方法，其平均时间复杂度为 $O(n^2)$。

（9）答案：B

说明：每条边要对应从顶点 i 到顶点 j 和从顶点 j 到顶点 i 两个边结点。

（10）答案：A

说明：同一栈内各元素类型相同，故长度相等。

3．简答题：（每小题 6 分，共 30 分）

（1）答案：算法时间复杂度有常量阶 O(1)、对数阶 $O(\log 2^n)$、线性阶 O(n)、平方阶 $O(n^2)$和指数阶 $O(2^n)$。以上顺序即为其从优到劣的顺序。

说明：一般常量阶 O(1)很难达到，而指数阶 $O(2^n)$的算法几乎是不可行的。

（2）答案：在最坏情况下，二叉树蜕变成单叉树，此时执行中序遍历的递归程序须用 n+1 个单元的栈空间。

说明：每访问一个结点都要先压栈，直到一层一个结点。

（3）答案：设每个数据元素占 L 个存储单元，且四维数组为 M×N×P×K 阶的，其按下标优先次序存储的归一化地址计算公式为

$$Loc(j1,j2,j3,j4)=a+[(j1-1)\times N\times P\times K+(j2-1)\times P+(j3-1)\times K+(j4-1)]\times L$$

式中，a 为顺序存储的基地址，即 loc(1,1,1,1,)。

说明：上面的公式假设下标都从零开始，如果不是从 1 开始，作加减调整便其相当于从 1 开始。

（4）答案：使用克鲁斯卡尔算法构造最小生成树的过程如下所示。

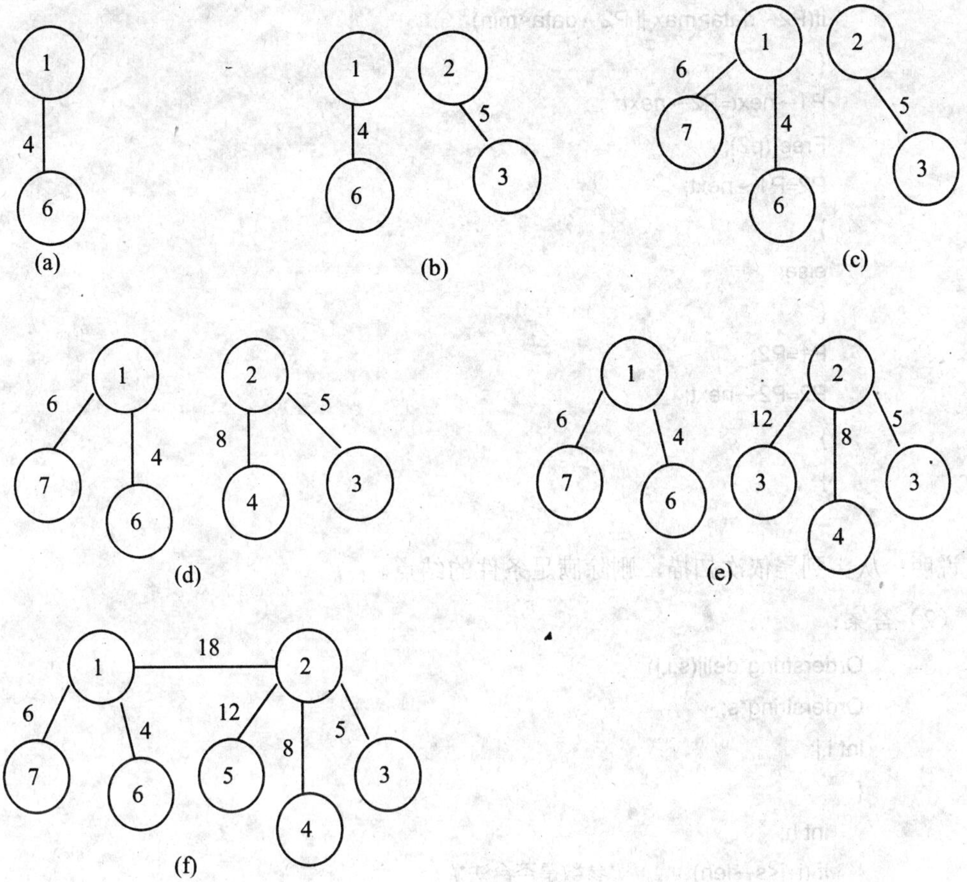
(a)　(b)　(c)　(d)　(e)　(f)

说明：在鲁斯卡尔算法的基本思想是：将图 G 中的边按权值从小到大的顺序依次选取，若选取的边使生成树 T 不形成回路，则把它进入 TE 中，作为 T 的一条边，否则将其舍弃。如此进行下去，直到 TE 中包含 n-1 条边为止。

（5）答案：磁带存储器是一种顺序存储设备。磁盘存储器既适应于顺序存储，又适应于随机存取。磁盘上的一个存储单位由柱面、盘面和扇区三个参数确定。

说明：随机存取的文件，如索引文件和散列文件不适合于用磁带存储。顺序存储文件既可以用磁带也可以用磁盘。磁带的优点是容量大，容易保存。

4．基本编程题：（每小题 10 分，共 30 分）

（1）答案：

```
Delete(L,max,min)
{
P1=L;
P2=P1→next;
While(P2)
  {
```

```
            if(P2→data>max || P2→data<min)
            {
            P1→next=P2→next;
            Free((p2);
            P2=P1→next;
            }
            else
            {
            P1=P2;
            P2=P2→next;
            }
            }
        }
```

说明：从头到尾依次扫描，删除满足条件的结点。

（2）答案：

```
        Orderstring*delij(s,i,j)
        Orderstring*s;
        int i,j;
        {
            int h;
            if (i+j<s→len)          /*参数是否合法*/
            {
            for(h=i;h<(i+j);h++)/*第 i+j-1 之后的字符都前移 j 个位置*/
                s→vec[h]=s→vec[h+j];
                s→len-=j;
                return(s);
                }
                else    printf("无法进行删除操作\n");
            }
```

说明：主要操作就是 for 循环中的前移。每个字符直接移动 j 个位置，比每个字符移动 1 个位置，移动 j 次的方法效率要高。

（3）答案：因为列表结构的递归性质，所以用递归函数 equal(s,t)来实现。

```
    int   egual   (glist s, t)
      //若 s，t 为等同的，则返回 I ，否则返回 0
    {if((s= =null)&&(t= =null))return(1);       //在 s,y 都为空，则返回相等。
      while((s!=null)&&(t!=null))
        if(s→tag= =t→tag){
          if(s→tag= =1),                                    //top==1 表示表元素为原子
```

```
        if(s→data= =t→data)x=1;
            else   return(0);
         else   x=equal(s→inform,t→inform);     //表元素为子表，则递归比较
         if(x= =1)x=equal(s→next,t→next);      //表头相等，比较表尾
         }
        if(x= =1)return(1);
    }//equal
```

说明：列表即广义表。

5．综合算法题：（10 分）

答案：

```
Delete(A,B,C)
{
    pa1=A;
    pa2=A→next;          //指向首结点
    pb=B→next;
    pc=C→next;
    while(pa2&&pb&&pc)
        {
        while(pb&&(pb→data<pa2→data))pb=pb→next;
        while(pc&&(pc→data<pa2→data)) pc=pc→next;   //定位
        if(pa2→data= =pb→data&&pa2→data= =pc→data)
            {
            pa1→next=pa2→next;
            free(pa2);
            Cpa2=pa1→next;      //删除结点
            }
            else
            {
            pa1=pa2;
            pa2=pa2→next;
            }
            }
    }
```

说明：对表 A 中的每个结点都分别在 B 和 C 表中查找，如果都找到，则删除该结点。设 A、B、C 的长度分别为 n_A，n_B，n_C，则算法的时间复杂度为 $O(n_A*(n_B+n_C))$。

第十三套习题解答

1．填空题：（每小题 1 分，共 10 分）

（1）答案：删除

说明：在数据中增加结点的运算是插入。

（2）答案：效率

说明：效率分为时间效率和空间效率，其量度为时间复杂度和空间复杂度。

（3）答案：在单链表第一个结点之前增设的一个类型相同的结点

表的第一个结点。

说明：头结点的 next 指针指向首结点。

（4）答案：指针　　栈顶指针

说明：相当于顺序栈的 top 操作。

（5）答案：返回地址

说明：一般的参数调用都传值调用，即只传实参的值，不传其地址。

（6）答案：单　表

说明：单元素又称原子元素。

（7）答案：空

说明：数据结构初始化后均为空。

（8）答案：n(n-1)/2　　n(n-1)

说明：这是因为每条无向边对应两条有向边。

（9）答案：有序

说明：可以把无序表中的每个元素都看成一个有序表，然后归并。

（10）答案：桶

说明：桶是对文件进行散列存储的一个存储单元，即对应外存中的一个页面。

2．选择题：（每小题 2 分，共 20 分）

（1）答案：A

说明：循环链表各结点可以只用一个指针彼此相连。

（2）答案：C

说明：非线性结构又分为树形结构和图形结构。

（3）答案：C

说明：串比较依据的是词典顺序，其方法和查词典时类似。

（4）答案：D

说明：在两种存储结构下，栈分别称为顺序栈和链栈。

（5）答案：A

说明：所有线性表都要求其中的各元素类型一致。

（6）答案：B

说明：队列必须在队尾插入元素。在队头删除元素。

（7）答案：B

说明：普里姆(Prim)算法和克鲁斯卡尔(Kruskat)算法是两种不同策略的求图的最小生成树的算法。

（8）答案：A

说明：邻接矩阵的行列数与边数无关。

（9）答案：A

说明：散列函数是多种多样的，可以是键值本身，键值的一部分或键值的某种运算结果。

（10）答案：A

说明：一般我们所说的排序其数据都是顺序存储的，如果改用链表存储许多算法都要做调整。

3．简答题：（每小题 6 分，共 30 分）

（1）答案：

根据题意，其中语句①的频度是 2；语句②的频度是 n；语句③的频度是 n-1；语句④的频度是 n-1；语句⑤的频度是 n-1。那么该程序段的时间复杂度为：

$T(n)=2+n+3*(n-1)=4n-1=O(n)$.

说明：所谓频度是指简单操作执行的次数。一般不需要精确计算程序段的时间复杂度（即简单操作的次数），只要大致计算出相应的数量级。

（2）答案：

说明：

1）有线性链表：

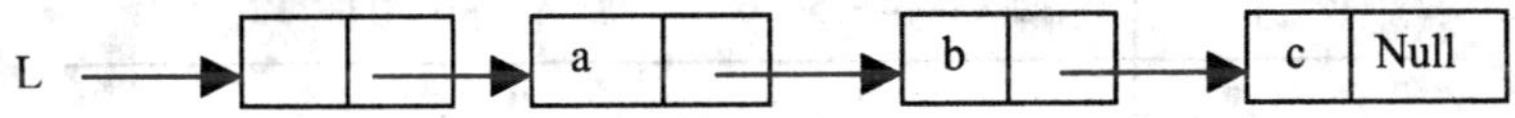

空的条件：L→next= =Null

2）循环链表：

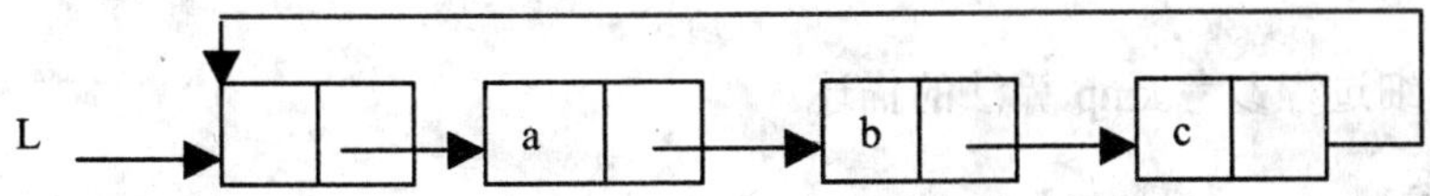

空的条件：L→next=L

3）双向连表：

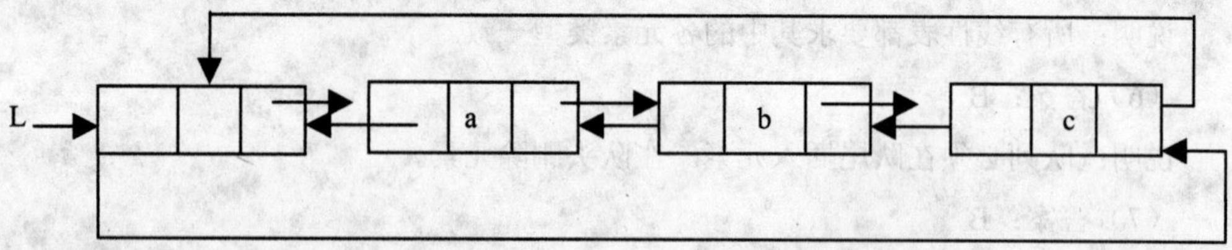

空的条件：L→next= =L 或 L→prior= =L

说明：注意循环链表中尾结点的 next 指针指向头结点，而不是首结点。

（3）答案：

字符号	1	2	3	4	5	6	7	8
权值	5	29	7	8	14	23	3	11
哈夫曼编号	0110	10	1110	1111	110	00	0111	101

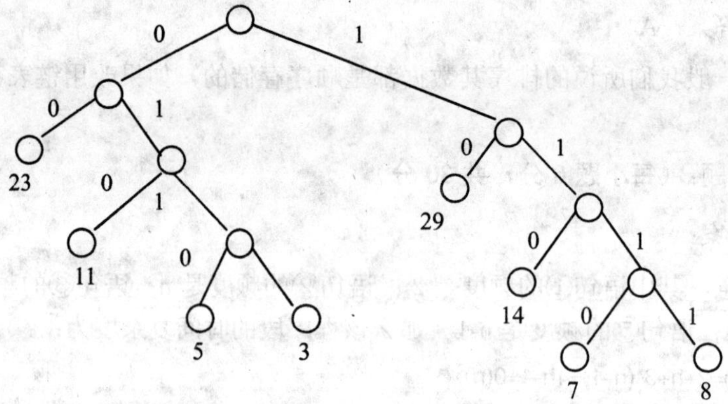

哈夫曼树

说明：在两个兄弟结点之间，一般把权值小的放在左边，但事实上不论放在哪边生成的树都是哈夫曼树。

（4）答案：

j	1	2	3	4	5	6	7	8	9	10	11	12
模式	a	b	a	a	b	a	c	a	b	a	b	a
next[j]	0	1	1	2	2	3	4	1	2	3	4	2
nextval[j]	0	1	0	2	1	0	4	0	1	0	4	2

说明：详细过程参考 kmp 算法的描述。

（5）答案：

类型说明为记录数组，即

```
# define n//文件中记录的数目
typedef    struct    rtype
     {int    key;
      datatype    otheritem;
          }node;
typedef    rtype    ftype[1+n];
```

直接插入排序算法为

```
Void insort (ftype &r)
{   for(i=2;i>n;i++)
     {    r[0]=r[j];
          j=i-1;
          whte(r[o],key<r[i].key)
      {    r[j+1]=r[j];
           j–;
      }
       r[j+1]=r[0];
      }
     }
```

说明：注意答案中的一个技术性细节：把r[0]空出来作为哨兵使用，可以使white循环的结束条件更简单。

4．基本编程题：（每小题10分，共30分）

（1）答案：用一个栈结构就能实现，过程可描述如下：

```
void    converts(    )
{ s=NULL;
   scanf("%c",&ch);
   while(ch!= "$" )//符号"$"为结束标志
   switch(ch){
   case ch=' (' :push(s,ch);          //如果是左括号，则压栈
                      scanf("%c",&ch);     break;
  case ch=' )' :
  while((top(s)!=  ' (' )&&(!empty(s)))
 {x=pop(s);printf("%c",ch);
 };
 if(empty(s)){
     error(' no   match' );
     exit;};
     etse x=pop(s);
```

```
        scanf("%c",&ch);   break;
    default:if(!empty(s))push(s,ch);
            scanf("%c",&ch);
                }
    if(!empty(s))error(` no   match´ );
    }//conrerts
```

说明：如果是左括号和普通字符，则压栈；如果是右括号，则将字符出栈，直到遇到左括号或栈空。

（2）答案：

结点根据题意，采用递归函数，设 h 返回 p 所指结点的高度，初值为 0，树为空时返回 0，th 指示 b 的高度，其初值为 1，

得算法如下：

```
void tevet(b,p,h,th)
Btree*b,*p;
int *h, th;
/*b:二叉树的指针 p:待找的结点 ih:p 结点的层数;
th：当前的层数*/
{
    if(b= =NULL)(*h)=0;/*空树时返回 0 */
    else if(p= =b)*h=1h;/*找到结点 p 时*/
        else
        {
        level(b→left,p,h,th+1);/*在左子树中查找*/
        if((*h)= =0) Level(b→right,p,h,th+1);/*在右子树中查找*/
    }
}
```

说明：二叉树的操作一般采用递归算法，使用递归算法时要明确递归出口和递归体。

（3）答案：

任何一个非空列表皆可分解成表头元素和尾表，反之，一对确定的表头和表尾可复合成一个列表。所以，复制表 L 的算法递归定义为

递归项：

COPY(Head(L) →Head(NL))//复制表头//

COPY(Tail(L) →Tail(NL))//复制表尾//

边界条件（基本项）；

当 L 为空表时，SetNULL(NL)//置空表//

若表 L 为存储结构，则复制表 N L 的操作就建立起相应的连表，只要建立和原表 L 中的结点一一对应的新结点，则表 N L 就复制成功了。所以，复制表 L 的算法描述如下：

```
Void copylists(link L,link& nl)
```

```
{if(L= =null) nl=null;//复制空表
  else{nl=malloc(sizeof(bnode));
   nl→tag=L→tag;
    if(L→tag= =0)
    nl→data=L→data;//复制单元素
    else{copy lists(L→hp,nl→hp);
    copylists(L→next,nl→next)}
  }
}//copylists
```

说明：广义表又称为列表。广义的操作一般也采用递归算法。

5．综合算法题：（10 分）

答案：

1）定义链表结构

```
struct DoubleListNode{
     char data;
     int freg;
     DoubleListNode*llink*rlink;
       };
```

初始时，所有结点的 freg 域的值都为 0。

2）定义函数

```
DoublelistNode*locate(DoublbListNode*f,
    char &x){
DoubleListNode*p,*d;
p=f→rlink;          /*跳过表头结点*/
while(p!=NULL&&p→data!=x)p=p→rlink;/*搜索*/
if(p){
    p→freg++;   d=p→llink;
    p→rlink→llink=d;    d→rlink=p→rlink; /*从连中摘下 p*/
    while(d!=f &&d→freg <p→freg)d=d→llink;
    p→llink=d;
    p→rlink=d→rlink   d→rlink→llink=p;
    d→rlink=p;              /*在 d 后面插入 p*/
         }
  return p;
 }
```

说明：先找到 data 域等于 x 的结点，将其 freg 域加 1，然向前查找把结点，插入到合适的位置。

第十四套习题解答

1．填空题：（每小题 1 分，共 10 分）

（1）答案：线性　　任何　　栈顶　　队尾　　队首

说明：这是向量、栈、队列的主要区别。

（2）答案：双链表

说明：双链表指每个结点有两个指针域的链表。

（3）答案：前驱结点　　后继结点

说明：单链表中每个结点只有一个指针域，指向其直接后继结点。

（4）答案：顺序存储方式和链接存储方式

说明：顺序存储方式较为常用。顺序存储方式又可分为紧缩的和非紧缩的。紧缩的以字节为单位存储字符，非紧缩的以字为单位。

（5）答案：315

说明：200+[(12-1)*10+(6-1)]*1=315。

（6）答案：5　　3

说明：广义表的长度是指表中所含元素的个数；广义表的深度是指该表中括号嵌套的最大次数。

（7）答案：不稳定

说明：不稳定的排序方法还有：希尔排序、快速排序、选择排序等。

（8）答案：索引　　块

说明：分块查找又称为索引顺序查找，其性能介于顺序查找和二分查找之间。分块查找要求查找表分成若干块，每一块中的元素存储顺序是任意的，但块与块之间必须按关键字大小有序。

（9）答案：3

说明：在插入 60 之前，记录已经排序为（15,23,54,72,96,45,83），要插入 60，只需要以后向前把 60 和 96，72，45 比较后即可决定插入位置，即 54 与 72 之间。

（10）答案：一种适合分支查找的动态索引

说明：索引文件可分为索引无序文件、索引顺序文件和树索引文件。树索引文件是一种适合分支查找的动态索引，有 B 树索引和 B 树索引。

2．选择题：（每小题 2 分，共 20 分）

（1）答案：C

说明：输出序列“dceab”是不可能的，因为若 a，b 都还没有出栈，则其出栈序列一定是 ba，不会是 ab。其他 3 种都是可能的，例如 B 的操作列为：push(a)，push(b)，push(c), push(d)，push(d)，push(e)，push(e)，push(c)，push(b)，push(a)。

（2）答案：A

说明：Q 为空的条件是 rear=front.

（3）答案：B

说明：棋式匹配一般只求 q 在 p 中首次出现的位置，而不必求所有出现的位置。

（4）答案：B

说明：采用三元组压缩技术存储稀疏矩阵时，三元组排列的顺序是按元素的行号从小到大排列的。求转置时如果只是互换行列下标，未必能满足这一条件。

（5）答案：C

说明：递归体给出了 f(n)的值与 f(n-1)的值之间的关系。

（6）答案：B

说明：只有具有空指针域（即子结点数小于 2）的结点才有指向其前走趋和后继的线索。

（7）答案：C

说明：类似的，中序遍历时，n 在 m 后的条俐是 n 在 m 的右方。

（8）答案：D

说明：在一个 n 个顶点的无向图中，要连通全部顶点至少需要 n-1 条边。

（9）答案：C

说明：这一答案的前提是假设表中各元素、和查找元素相等的概率相等。

（10）答案：D

说明：选择排序中，总比较次数为$(n^2-n)/2$，与记录的初始排列次序无关。

3．简答题：（每小题 6 分，共 30 分）

（1）答案：

用链表所表示的是线性表的链式存储结构，其元素向的逻辑关系，由链表指针相连接，它不一定在物理位置上相邻接。链表在查找操作时，只能由头指针开始，顺连进行查找。有序表的有序性，主要是指其元素值的大小是否按递增（或递减性）次序排列。若链表是有序链表，则其元素值满足递增（递减）性。

说明：从各元素间的逻辑关系看，各元素之间存在前驱和后继的关系，因此认为是有序的，但各元素的值或关键卡必是有序的。

（2）答案：

	初始值	第 1 趟	第 2 趟	第 3 趟
Low	0	8	8	8
Hig	14	14	11	8
mid	7	12	9	8
r.item[mid].key	511	766	656	586

找到键值为 586 的元素的位置在 8。

说明：具体过程参见二分查找算法。

（3）答案：含有相同排序码的记录的相对位置，在排序前和排序后可能相同和不相同。若相同时，则称该排序算法是稳定的；若不相同时，则称该排序算法是不稳定的。各种排序算法的稳定性如下：直接插入排序、冒泡排序和基数排序是稳定的。快速排序、直接选择排序、归并排序、堆排序和希尔排序是不稳定的。

说明：某些实际问题可能会要求排序算法是稳定的，如在对次关键字（如姓名）进行排序时不希望次关键字（如学号）的相对位置发生改变。此时就不能选用快速排序等不能稳定的算法。

（4）答案：

设哈夫曼树中结点数为 n，则

$n=n_0+n_2$（哈夫曼树上无单叉结点，即 $n_1=0$）

又因任一棵二叉树上叶子结点数 $n_0=n_2+1$，故

$n=n_0+(n_0-1)=2n_0-1$

说明：设二叉树上叶子结点数为，n_0 度为 2 的结点数为 n_2，则 $n_0= n_2+1$。这是二叉树彼重要的性质，需要熟记。

（5）答案：

不是堆。调整为堆的过程如下：

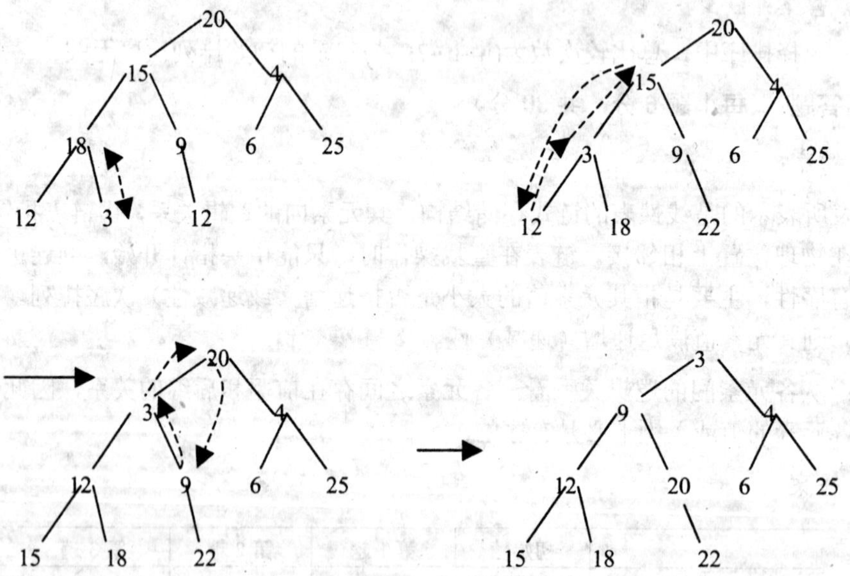

说明：堆的特点是任一结点的关键字一定大于（或小于）或等于其孩子结点的关键字。

4．基本编程题：（每小题 10 分，共 30 分）

（1）答案：

```
Delete(L)
{
p=L→next;        //L 指向头结点，P 指向首结点；
while(p)
{
p1=p;
p2=p1→next;
while(p2)
    {
    if(p2→data= =p→data)
      {
      p1→next=p2→next;
      free(p2);
      p2=p1→next;
      }
      else
      {
      p1=p2;
      p2=p2→next;
      }
      p=p→next;
      }
    }
  }
```

说明：对每一结点都认该结点向后搜索一遍链表，找到并删除和该结点值相同的结点。算法时间复杂度为 O (n^2)。

（2）答案：

使用连式存储结构，只有当元素 x 要入第 i 个栈时，才申请分配一个结点空间，所以入栈操作为：

```
void Pushi(int i,datatype x,linkstack top[i])
  {s=malloc(size);
    s→next=top[i]
    s→data=x;
    top[i]=s;
}//pushi
出栈操作 Popi 可描述为：
void Popi (int I,datatype x,linkstack top[i]
```

```
{if(top[i]= =null)error(` underflow′ );
    else{q=top[i];
        x=q→data;
        top[i]=q→next;
        free(q);
        }
}//popi
```

说明：关键是设一个数组 top[i]来管理所有栈顶指针，其余都和单栈时的操作相同。

（3）答案：

```
# include <stdio.h>
float fun(float a,int n) //计算 a^n 的值
{
  float s=1;
  int i=1;
  while(i++<=n) s=s*a;
  return(s);
}
main( )
{
   fioat a,s=0;
   int n,i=1;
   printf("输入 a,n=>");
   scanf( "%f,%d, "&a,&n);
   while(i<=n)
   {
      s=s+fun(a,i);i++;
   }
   printf( "s=%f\n ",s);
}
```

说明：也可以用递归来实现。不过递归的开销一般比循环要大。

5．综合算法题：（10 分）

答案：

```
#define   MaxNum    50 //图的最大顶点数
typedef   enum{FALSE,TRUE}Boolean;
Boolean   Visited[MaxNum],Found;/*Found 为是否找到路径标志*/
int   path visited[MaxNum];
void one__path(ALGRaph*G,intu,intv,/*找一条从 u 到 v 的简单路径*/
```

```
{int I;
  for(i=0;i<G→Vexnum;i++)
       Visited[i]=false;
  Found=FALSE;
  DFS__path(G,u,v);/*利用深度优先搜索找一条从 u 到 v 的简单路径*/
  }
  void DFS_path (ALGraph *G,int u,int v)
      {int j;
      LinkNode *P;
      if (Found)return;
      Visited[u]=TRUE;
      for(p=G→adjlist[u].first;p;p=p→next)
        if(p→adjvex= = v){
          path[u]=v;
          Found=TRUE;
          Print_path(u,v);/*输出路径*/
      }
     else if(! Visited[p→adjvex]){
             path[u]=p→adjvex;
             DFS_path(G,P→adjvex,v);
           }
        }
       void print_path(int u,int v)
       {int k
          printf( "%d ",u);
        for(k=path[u];k!=v;k=path[k])
            printf( "%d ",k);
        printf( "%d ",v)
     }
```

说明：其实就是把 DFS 遍历算法的终止条件改为当前顶点为 U 即可。

第十五套习题解答

1．填空：（每小题 1 分，共 10 分）

（1）答案：n-i+1

说明：前 i-1 个元素不动，其余[n-(i-1)]=n-i+1 个元素都需要移动。

（2）答案：线性表

说明：线性表有顺序存储和链接存储两种方式。

（3）答案：14

说明：空格也要计入串长。只含空格字符的串不是空串。

（4）答案：含零个字符的串　　零

说明：串可以不含任何字符，即可以是空串。

（5）答案：Loc(A[1,1])+[n*(i-1)+(j-1)*K

说明：如果以列序为主方式存储，则 A[i,j]的地址为：Loc(A[1,1])+[m*(j-1)+(i-1)]*K。

（6）答案：((a))　　　( )

说明：广义表中第一个元素为表头，广义表中除去第一个元素外的其余元素组成的表为表尾。

（7）答案：f(1)=1　　　f(n)=f(n-1)+1/n

说明：递归出口给出于递归的终止条件，递归体给出了 f(n)的值之间的关系。

（8）答案：树中结点的最大度数没有限制，而二叉树结点的最大度数为 2

树的结点无左、右之分，而二叉树的结点有左、右之分

说明：二叉树是一种特殊的数，其中结点的最大度数为 2，且其结点有左右之分。

（9）答案：5

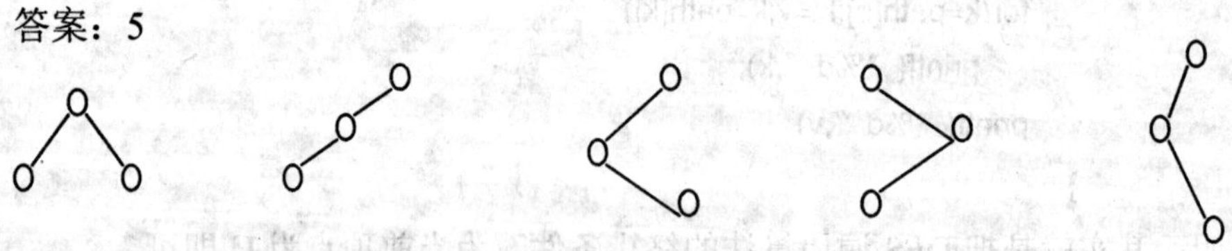

说明：二叉树的结点有左右之分，因此有 5 种不同的形态如果是普通树，则只有如下两种不同形态。

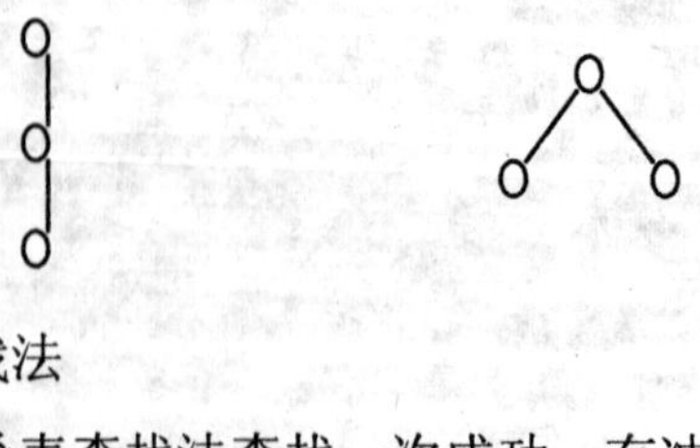

（10）答案：哈希表查找法

说明：无冲突情况下哈希表查找法查找一次成功，有冲突情况下其平均查找长度和散列方法、冲突解决方案都有关系，但结点个数 n 无关。

2．选择题：（每小题 2 分，共 20 分）

（1）答案：A

说明：100+(6-1)*2=110。

（2）答案：A

说明：带头结点的单链表为空的判定条件是：head→next==NULL。

（3）答案：B

说明：空格串长度不为零，不是空串。空串是不含任何字符的串。

（4）答案：D

说明：ten(s2)=5,subs(s1,2,5)=‘BCDEF’,subs(s1,5,2)=EF),com(‘BCDEF’，‘EF’)=‘BCDEFEF’。

（5）答案：C

说明：建立与删除当然也是数组的操作，但不涉及数组的主要功能，不是基本操作。

（6）答案：C　　C

说明：注意表尾是一个表，不要忘了加外层的括号。

（7）答案：B

说明：递归出口即递归边界，也就是满足函数要求但无法递归的第一个自变量。

（8）答案：B

说明：若一棵二叉树中每个结点的左、右子树的高度至多相差 1，则称此树为平衡二叉树。

（9）答案：B

说明：有向图中，所有顶点的入度之和等于所有顶点的出度之和。

（10）答案：B

说明：顺序查找法适合于线性表，线性表顺序存储和链接存储两种存储结构。

（11）答案：C

说明：平均查找长度最小则速度最快，快速排序一般是已知最快的排序算法。

3．简答题：（每小题 6 分，共 30 分）

（1）答案：

用邻接矩阵表示无向图时，因为是对称矩阵，对矩阵的上三角部分或下三角部分检测一遍，统计其中的非零元素个数，就是图中的边数。如果邻接矩阵中 A[i][j]不为零，说明顶点 i 与顶点 j 之间有边相连。此外统计矩阵第 i 行或第 i 列的非零元素个数，就可得到顶点 i 的度数。

说明：用邻接矩阵求无向图的边数时，也可以用矩阵中非零元素的个数除以 2。

（2）答案：

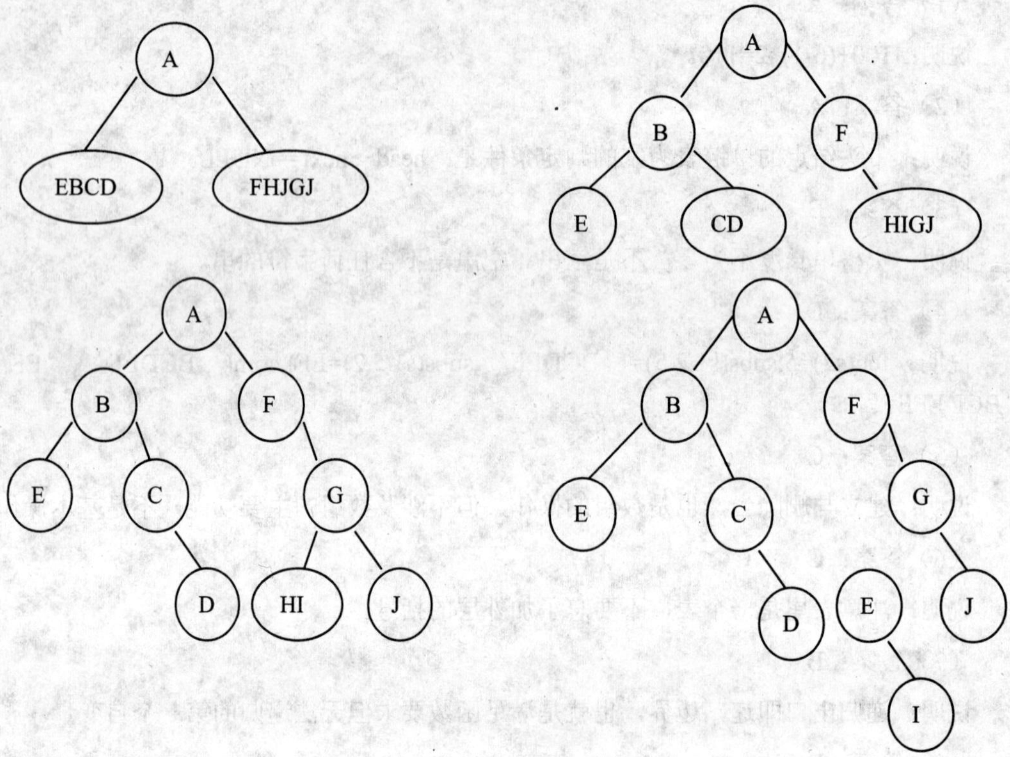

说明：具体过程如答案所示。主要思路是先由前序遍历结果找到根结点，然后再根据中序遍历结果找到左、右子树。

（3）答案：

设数组元素 A[i][j]存放在起始地址为 Loc(i,j)的存储单元中。

∵Loc(2,2)=Loc(0,0)+2*n+2=644+2*n+2=676

∴n=(676-2-644)/2=15

∴Loc(3,3)=Loc(0,0)+3*15+3=644+45+3=692

说明：因为题中所给元素的 A[2][2]，A[3][3]，故其实本题对以列序为主方式存储的 A[m][n]同样适用，只需把答案中的 n 换成 m 即可。

（4）答案：

1）AB-*C+

2）AB*C*

3）A-B+C-D+

说明：后缀表达式又称逆波兰表达式，在实际中有很多应用。注意本题中单目运算符的处理。

（5）答案：

1）A*B={3}

2）A-BC={1,2}

3）A+B={1,2,3,4,5}

说明：这是集合的基本运算，即交运算、差运算、并运算。

4．基本编程题：（每小题 10 分，共 30 分）

（1）答案：LinKList merge_1(LinkList LA,LinkList LB)

```
{/*此算法将两个链表的首尾连接起来*/
Node*p,*q;
p=LA;
q=LB;
while(p→next!=LA)p=p→next;/*找到表 LA 的表尾，用 p 指向它*/
while(q→next!=LB)q=q→next;/*找到表 LB 的表尾，用 q 指向它*/
q→next=LB→next;/*修改表 LA 的尾指针，使之指向表 LB 中的第一个结点*/
free(LB); q→next=LA;*/修改 LB 的尾指针，使之指向 LA 的头结点*/
retutrn(LA):
}
```

说明：先找到两表表尾，然后链接起来，并释放 LB 的头结节。设 LA 的长为 mLB 的长为 n，则其时间复杂度为 O(m+n)。

（2）答案：

```
Straightsort(list r,int n)
  {
     for(i=2;I<  =n;i++)
       {
        r[0]=r[i];   //把 r[i]复制到 r[o]充当哨兵
        j=i-1;
      while(r[0].key>r[j].key)//有 r[o]充当哨兵，程序会正确跳出循环。
         {
         r[j+1]=r[j];
         j-÷
        }
      r[j+1]=r[0];
     }
  }
```

说明：直接插入排序的基本思想是：把数组 A[1…n]中待排序的 n 个元素看成为一个有序表和一个无序表，开始时有序表中只包含一个元素 A[1]，排序过程中每次从无序表中取出第一个元素，把它插入到有序表中的适当位置。

（3）答案：

```
Void    creatadj (graph 8g)
     {scanf( "%d %d ",&n&e);//读入顶点和边数
        g→vn=n;
        g→arcn=e;
      for(i=0;i<n;i++){
        g→adjlist[i].vex=i
        g→adjlist[i].firstarc=NULL;
        }//建立一组头结点
      for k=0;k<e;k++){
        scanf( "%d %d ",&I,&j);
        p=malloc(size);
        p→adjvex=j;
        p→nextarc=g→adjlist[i].firstarc;
        g→adilist[i].firstarc=p
        p=malloc(size)
        p→adjvex=i;
        p→nextarc=g→adjlist[j].firstarc;
        g→adjlist[j].firstarc=p;
        }
    }//creatadj
```

说明：注意对同一条边时顶点，i 和 j 顶点都要建立边结点。

5．综合算法题：（10 分）

答案：算法思想：从给定顶点 vi 出发进行深度优先搜索，在搜索进程中判别当前访问的顶点是否为 vi，若是，且路径长度 d 大于 1，则找到一条回路；否则进行递归搜索。

```
#define  MAxVEx  100  /*定义最大顶点数*/
struct  edgenode    /*边结点*/
{
  int adjvex;  /*邻接点序号*/
  char  info;  /*邻接点信息*/
  struct  edgenode *next;
};
struct  vexnode  /*顶点结点*/
{
char   data;  /*结点信息*/
  struct  edgenode  *link
}
typedef  struct  vexnode  adjlist[MAxVEx];
```

```
int   visited[Vnum],A[Vnum];/*数组用于存放路径*/、
 void dfsl(adjlist adj,int vi,int vj,int d)
 {
    int v,i;
    strcut   edgenode*p;
    visited[vi]=1;
    d++;
    A[d]=vi;
    if(vi= =vj&&d>=2)   /*条件 d>=2*/
  {
    cout<< "一条路径 ";
    for (i=0li<=d;i++);
        printf( "%d ",A[i];)
    printf( "\n ");
  }
  p=adj[vi] →link;   /*找 vi 的第一个邻接顶点*/
  while(P!=NULL)
  {
  v=p→adjvex;     /*v 为 vi 的邻接顶点*/
  if(visited[v]= =0 || v= =vj)/*若该顶点未标记，或为 vj，则递归访问之*/
  dfsl(adj,v,vj,d);
  p=p→next;   /*找 vi 的下一个邻接顶点*/
              }
              visited[vi]=0;   /*取消访问标记，以使该顶点可重新使用*/
              d-÷
  }
  void   dbfaycle (adjlist*adj,int vi, int& d),/*vi 为顶点，d 的值为 0*/
  {
     dfsl (adj,vi,vi,d);
  }
```

说明：函数 afsl 的作用是找到从顶点 V_i 到 V_j 的一条路径。因此问题转化为 dast(adj,vi,vi)，即从 v_i 出发回到 v_i 的路径，并且其长度不为零。

第十六套习题解答

1．填空：（每小题 1 分，共 10 分）

（1）答案：读取

说明：在数据结构中，读取，写入、查找这些操作都可以称之为运算。

（2）答案：头指针

说明：链表的第一个结点称为首无结点。在没有头结点的链表中，头指针直接指向首元结点。

（3）答案：队头

说明：入队的一端称队尾。队列的特点是只能在队尾插入元素，在队头删除元素。

（4）答案：数据项

说明：一个数据元素可以只有一们数据项，也可以本身就是另一数据的数据项。

（5）答案： 0

说明：S 栈满时，Ss→top=max。

（6）答案：兄弟

说明：父结点，孩子结点、兄弟结点、祖先结点，等概念是树中的基本概念，需要熟记。

（7）答案：

1）是

2）

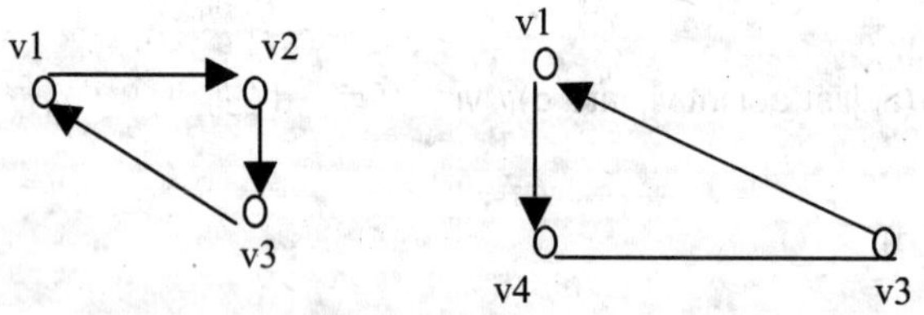

3）v_1 的入度是 1，出度是 2；v_2 的入度是 1，出度是 1；v_3 的入度是 2，出度是 1；v_4 的入度是 1；出度是 1。

说明：在有向图 G 中，若从顶点 v_i 到 v_j 顶点有路径，则称从 v_i 到 v_j 是连通的。若图 G 中的任意两个顶点 v_i 和 v_j 都连通，即从 v_i 到 v_j 和从 v_j 到 v_i 都存在路径，则称 G 是强连通图。有向图 G 是强连通图。有向图 G 的极大强连通子图称为 G 的强连能分量。

（8）答案：有序

说明：如折半查找（二分查找）就必须要求查找表是有序的。

（9）答案：不稳定

说明：不稳定的排序方法还有：希尔排序、选择排序、堆排序。

（10）答案：物理

说明：通常把若个相邻的记录连续存储在一起，构成一个块，通常称之为一个页面或一个物理记录，相对地，把文件中的记录称为逻辑记录。

2．选择题：（每小题 2 分，共 20 分）

（1）答案：C

说明：冒泡排序是稳定的，平均时间复杂度为 $O(n^2)$，最好情况下移动次数为 O，此较次数为 n-1。快速排序是目前已知最快的排序方法。

（2）答案：C

说明：初始化后（不论以前是否为空）线性表为空，Empty(L)返回 1 或 true。

（3）答案：D

说明：以下一些问题是常常会考到的：两串相等的定义、串长度的定义、串中字符个数是否可以为零。串的定义如果答案；串长是串中所有字符的个数（重复字符计其重复次数）；串长可以为零。

（4）答案：B

说明：头元素的位置为：(sq→front+1)MOD 数组长度。

（5）答案：C

说明：栈只能在一端（栈顶）进行插入和删除操作；队列只能在一端（队尾进行插入，只一端队头）进行删除操作。

（6）答案：D

说明：I 返回 X 在树 T 中的儿子结点。

（7）答案：A

说明：由这一定义可推导出无向图的一个重要性质：无向图中所有顶点度数之和等于边数的 2 倍。

（8）答案：A

说明：相反，如果没有找到则称之为不成功查找。

（9）答案：B

说明：直接插入排序的基本思想是：把数组 A[1…n]中的 n 个元素看成一个有序表和一个无序表，开始有序表中包含一元素 A[1]，然后依次把无序表中的第一个元素插入有序表中适当的位置。

（10）答案：C

说明：文件的组织结构又分为：顺序组织、索引组织、树组织、链组织。

3. 简答题：（每小题 6 分，共 30 分）

（1）答案：

单链表的示意图：

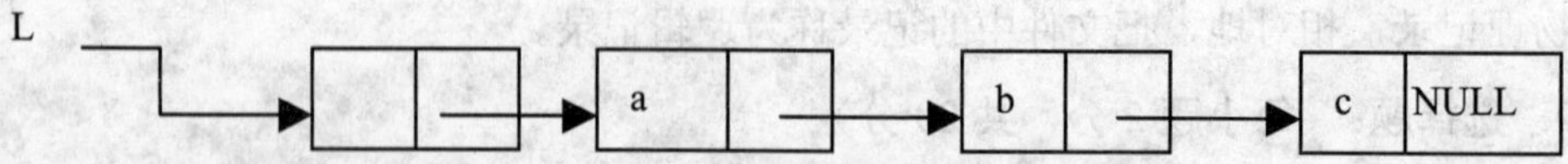

循环链表的示意图：

（表增指针）

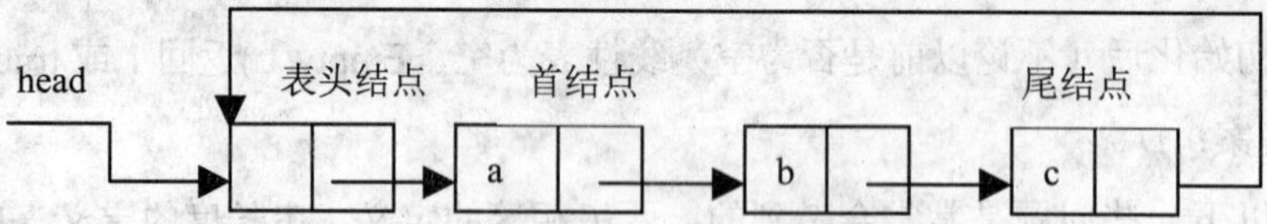

双向循环链表的示意图：

（表头指针）

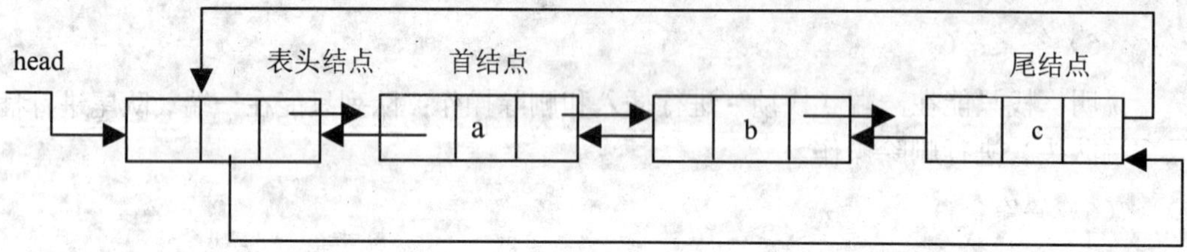

说明：注意，在带头结点的循环结点的循环链表和双向循环链表中，尾结点的 next 指针一般指向头结点而不是指向首结点。

（2）答案：

此函数是一个典型的递归函数。当 n>0 时的递归规则为 $F(n)=n.F(\lfloor n/2 \rfloor)$。该函数的边界条件为，当 n=0 时，F（0）＝1

此递归函数可描述如下；

```
int   f(int   n)
    {if(n= =0)return(1);
     else   return (n*f(n/2));
    }//f
```

说明：编写递归算法，关键就是要清楚两个要素：递归规则和边界条件。

（3）答案：

空广义表表示为（　），所以有：

1）表头为空原子，表尾为(　);

2）表头为 a，表尾为(　);

3）表头为(a)，表尾为(　);

4）表头为(a,b)，表尾为(　);

5）表头为 a，表尾为(b,c);

6）表头为 a，表尾为((b,c,d));

7）表头为(　)，表尾为(　);

8）表头为(　)，表尾为(( ))。

说明：广义表中第一个元素为表头，广义表中除去第一个元素外的其余元素组成的表为表尾。表头可能是一个原子也可能是一个广义表，表尾一定是一个广义表。

（4）答案：

在二叉排序树中，树中每个结点的左子树中的所有结点的值都小于该结点的值，它的右子树中的所有结点的值都大于该结点的值。可是堆则是一棵顺序存储的二叉树，它的所有父亲结点的值均不小于（或不大于）它的左右孩子的值。

说明：二叉排序树和堆的用途也不同。堆可用于排序，二叉排序树可用于查找。

（5）答案：

如果要求得连通图中一个以某个给定顶点为根且高度最小的生成树，应从所给定的顶点开始进行广度优先遍历，通过广度优先遍历过程所得到的生成树是一个最小高度的生成树。如果要求一个高度最大的生成树，应从所给定的顶点开始进行深度优先遍历，通过深度优先遍历过程所得到的生成树是一个高度最大的生成树。

说明：这种从生成树高度看图的遍历算法的观点在很多实际问题（如人工智能中的搜索策略）很有用，应该有所了解。

4．基本编程题：（30 分）

（1）答案：

```
QueueLength(Lq)
{
i=0;
p=Ld;
while(p)
    {p=p→next;
      i++;
        }
```

```
        return(i);
      }
```

说明：算法很简单，从首结点开始逐个计数即可。

（2）答案：

```
Void   delete (link t,int mink, maxk)
  {p=t→next;
    while(p!=null)&&(p→data<=mink)
    {q=p;p=p→next; }
        while(p!=null)&&(p→data<=maxk)){
        s=p;
        p=s→next;
        free(s);
      };
      q→next=p;
    }//delete
```

说明：算法先查找到第一个大于 mink 的结点，及其直接前区，然后向后逐个删除大于 mink 的结点。其时间复杂度为 O(n)。

（3）答案：

按中序序列遍历二叉排序树即按递增次序遍历，所以递增打印二叉排序各元素值的函数如下；

```
void   incrorder (btree*t)
{
  if(t!=NULL)
  {
    incrorder(t→left);
printf("%d",t→data);
incrorder(t→right);
}
}
```

说明：二叉树的三种序遍历的算法一般采用递归算法，要求熟练掌握。也可以尝试编写非递归算法。

5．综合算法题：（10 分）

答案：1）递推定义式如下：其中 True 表示有解，False 表示无解

：

$$KNAP(s,n)=\begin{cases} \text{Ture} & s=0 \quad \text{此时问题有解} \\ \text{False,} & s<0 \quad \text{总重量不能为负数} \\ \text{False,} & s>0 \text{ 且 } n<1 \quad \text{物品件数不能为负数} \\ KNAP(s,n-1), & s>0 \text{ 且 } n\geqslant 1 \quad \text{所先物品不包括 } w[n-1] \\ KNAP(s-w[n-1],n-1), & s>0 \text{ 且 } n\geqslant 1 \text{ 所先物品包括 } w[n-1] \end{cases}$$

2）递归算法如下：

```
int   KNAP (int s,int w[ ],int n)
{
if (s= =0)return 1;
else if(s<0) return 0;
else if(s>0&&n<1)return 0;
else if(s>0&& n>=1)
{
    if (KNAP(s,w,n-1)= =1) retun1;
    else if (KNAP(s-w[n-1],w,n-1)= =1) return1;
}
else return 0;
}
```

说明：递推定义式和递归边界是递归问题的两个关键字素。思考对于本题，这两个要素分别是什么。

第十七套习题解答

1．填空：（每题 1 分，共 10 分）

（1）答案：存储空间

说明：一个算法在计算机存储器上所占用的空间，包括存储算法程序本身所占用的空间，算法的输入出数据所占用的空间和算法在运行过程中临时占用存储空间这三个方面。算法在运行过程中临时占用的空间大小被定义为算法的空间复杂性。

（2）答案：直接前驱

说明：单链表中，除首结点外，任意结点都有直接前驱结点。

（3）答案："Good　BYE!"

说明：空格字符不能去掉。

（4）答案：max

说明：S 栈空时，Ss→top= =0。

（5）答案：Ls->next= =NULL

说明：链栈中，Ls→next 指向栈顶元素，为 NULL 则表示栈空。

（6）答案：左右

说明：普通树中其一结点的各子树之间没有严格的顺序关系，但二叉树中结点的子树分为左子树右子树。

（7）答案：弧尾

说明：有向图边的终止点称为弧头。

（8）答案：关键字

说明：关键字本身是数据元素的一数据项。

（9）答案：希尔排序、直接选择排序、快速排序、堆排序（4 个中写出 3 个即可）

说明：稳定的排序方法有：直接插入排序、冒泡排序、归并排序。

（10）答案：链

说明：一般以不同的存储结构对文件进行分类和命令。如以顺序组织存储的文件称作顺序文件，以索引组织存储的文件称作索引文件等。

2．选择题：（每小题 2 分，共 20 分）

（1）答案：C

说明：数据结构的三种基本逻辑结构是线性结构、树形结构、图形结构。

（2）答案：C

说明：首元素没有直接前驱，尾元素没有直接后继。

（3）答案：C

说明：串的长度是串是所有字符的个数。

（4）答案：A

说明：线性表中各元素的类型都应一致。

（5）答案：A

说明：栈初始化后栈顶指向栈底，在程序中一般表示为 top=0。

（6）答案：D

说明：这是二叉树的性质之中，应该熟记。

（7）答案：1）B　　　2）A

说明：强连通图是专指有向图而言的题中图为无向图，因此没有强连通的概念。

（8）答案：C

说明：三元组存储是顺序存储方法，十字链表存储是链接存储方法。

（9）答案：A

说明：稳定的排序方法有：直接插入排序、冒泡排序；不稳定的排序方法有希尔排序、快速排序、直接选择排序、堆排序。

（10）答案：D

说明：注意是修改运算。检索当然也是一种运算，但它不修改文件。

3．简答题：（每小题 6 分，共 30 分）

（1）答案：

1）不能。因为在弹出 d 时，abc 均已依次压入栈，下一个弹出的元素只能是 c 而不能是 b。

2）能。Push(s,a)，Push(s,b)，Push(s,c)，Pop(s)，Pop(s)，Push(s,d)，Pop(s)，Pop(s)。

说明：这种题思考的关键是，在某一元素出栈时，根据入栈序列，哪些元素一定在栈中，这些元素的顺序如何，能否进一步产生下面的出栈序列。

（2）答案：

凡是能被计算机存储，加工的对象统称为数据，数据是一个集合。数据元素是数据的基本单位，是数据的一个元素。数据元素与数据之间的关系是元素与集合之间关系。

说明：数据和数据元素是相对而言的，如对于一个记录来说，它相对于所在的文件被认为是数据元素而相对于它所含的数据项又被从头是数据。

（3）答案：

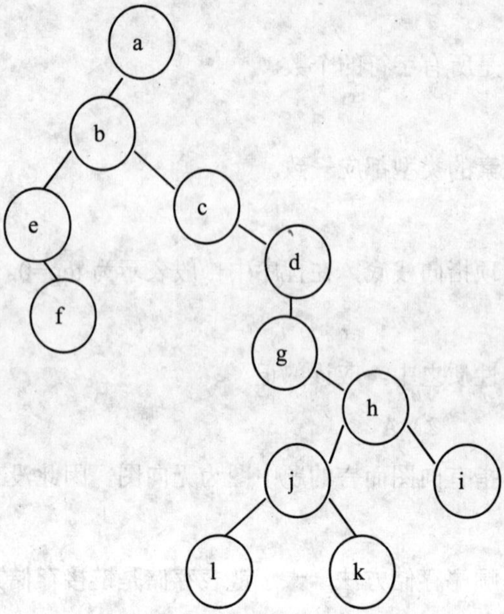

说明：把树变成二叉树的规则是：二叉树结点的左孩子是该结点在树中的第一个孩子，右孩子是该结点在树中的第一个兄弟。用这种方法存储树结构称为孩子兄弟表示法。

（4）答案：

现有 m×n 阶稀矩阵，p 为非零元素数目，采用三种存储表示方法各占存储空间字节（B）数如下。

1）十字链表法

数据结点：

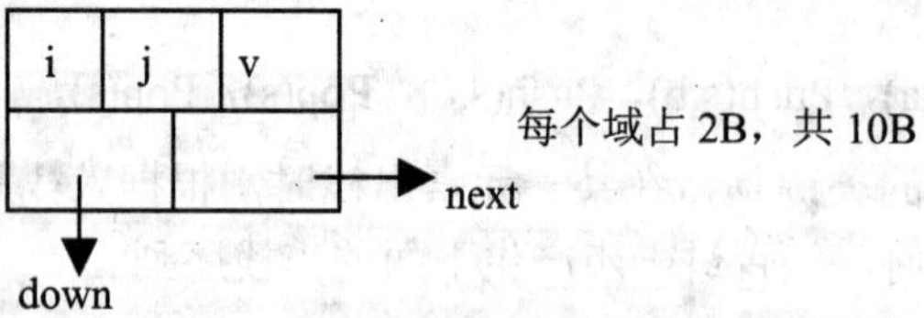

头结点数目：max{m,n}+1

共占存储空间：[(P+max{m,n}+1)*10]B

2）二维数组表示法占用存储空间

2(m*n)B

3）三元组表法占用存储空间

3(P+1)×2=6(P+1)B

显然，当 m*n>>p 时，采用三元组表法最节省存储空间。

说明：在十字链表表示法中求头结点数目时：max{m,n}是因为可以同一个结点的 next 域指示某行的首结点，而用其 down 域指示相同序号的列的首结点，再加 1 是因为这些头结点本身还需要一个头结点。

（5）答案：

T	a	a	a	b	a	b	c	a	a	b	b	c	c
J	0	1	2	3	4	5	6	7	8	9	10	11	12
next[j]	-1	0	1	2	0	1	0	0	1	2	0	0	0

说明：具体计算过程请参照 kmp 算法的描述。

4．基本编程题：（每小题 10 分，共 30 分）

（1）答案：

```
DELETE(L,i)/*删除运算将 L 线性表的第 i 个元素删除*/
{
  if ((i<1 || (i>L.Last)) error ("i 的值不合理")
  for(j=i+1;j<=L.Last;j++)
  L.data[j-1]=L.data[j];/*将 L 表中第 i+1 个元素至最后一个元素向前移一位*/
 Last=L.Last-1/*删除元素后，表的长度减 1*/
 }
```

说明：算法很简单，只是将 i 后的所有元素向前移一位，以表中元素数为 n，则需移动从 L.data[i+1]到 L.data[n]共(n-i)个数。

（2）答案：

设串的单链表存储结构如下图所示，其中的结点数据域 data 只存储一个字符。若 x 和 y 是两个单链表存储的串，且头指针分别为 x 和 y，则查找 x 中第一个不在 y 中出现的字符算法描述为：

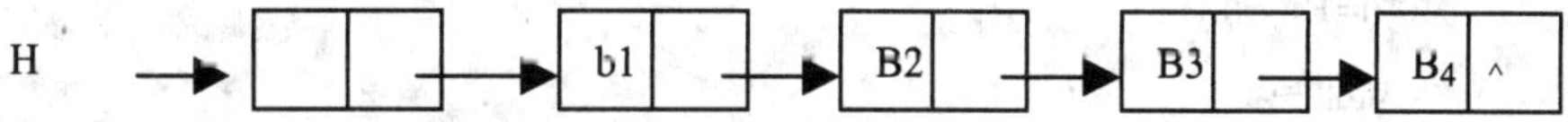


```
   Void   search(lonk x,link y)
{  p=x→next;
   white(p!=NULL)
   {   q=y→next;
       while(q1=NULL)
       {  if(p→data==q→data) break;
           //p→data 在 y 中出现。跳出循环，准备查找 x 中下一字符
           q=q→next;
```

```
        }
        if(q==NULL) //查找到链尾，没有跳出循环，说明 p→data 未在 y 中出现
        {  prinf("x 中第一个不在 y 中出现的字符为：%c",p→data);
           retwrrv; //函数成功返回
        }
           p=p→next;
        }
        if(p==NULL) printf("x 中的字符都在 y 中。");
     }
```

说明：算法其实可以分为两个子过程：一个是在串 y 中查找其一字符是否在 y 中出现过，采用的是简单的逐个比较；另一个过程是对 x 中每一字符进行第一个过程。

（3）答案：

此题采用 Floyd 算法，其思想可用下列数学表达式描述：

A(k)[i][j]=min(A(k-1)[i][j],A(k-1)[i][k]+A(k-1)[k][j])

(1⩽i⩽n1⩽j⩽n)

该式是一个迭代表达式，每迭代一次，在从顶点 V_i 到顶点 V_j 的最短路径就多考虑一个顶点，经过 n 次迭代后所得的 A[i][j]值就是顶点 V_i 到顶点 V_j 的最短路径。函数如下：

```
#define    MAXVEX 100/*定义最多顶点数*/
void floyd (a,c,n)/*已知有向图的邻接矩阵为 c，求最短路径矩阵 a，n 为顶点数*/
int a[MAXVE][ MAXVE],c[MAXVE][ MAXVE],n;
{
  int i,j,k;
  for(i=1,i<=n,i++)/*给 a，赋初值*/
     for(j=1;j<=n;j++)
        a[i][j]=c[i][j];
     for(i=1;i<=n;I++)
        a[i][i]=0;
     for(k=1;k<=n;k++)
         for(j=1;j<=n;j++) for( i=1;i<=n;i++)
             if(a[i][k]+a[k][j]<a[i][j])
                 a[i][j]=a[i][k]+a[k][j];
 }
```

说明：本题也可以用 Diftstra 算法，分别求每个顶点到其他顶点的最短路径。其时间复杂度和 Floyd 算法相同，都是 $O(n^3)$，只是形式上复杂些。

5．综合算法题：（10 分）

答案：递归算法：

```
int Search(BSNodeType*t,BSNodeType*c,Keytype Key,BSNodeType**p)
  {   //C 为要查找的树的根结点，t 为 c 的父结点，中指向找到的失键字等于 Key 的
结点，
    if(c= =NULL)
    {
        (*p)=t;
        return 0;
     }
     if(c→key==key)
     {
        (*p)=c;
        return 1;
     }
     if(c→key>key)return Search(c,c→Lchild,key,p);
    else    return  Search(c,c→Rchild,key,p);
  }
```

非递归算法：

```
int  Search1(BSNodeType*t,Keytype key,BSNodeType**p)
{
  BSNodeType*curr,*pre;
  if (t= = NULL)
  {
        (*p)=t;
        return 0;
     }
   curr=t;
     pre=t;
     while(curr!=NULL&&curr→key!=key)
     {
            pre=curr;
            if(curr→key>key)curr=curr→Lchild;
            else curr=curr→Rchild;
        }
        if(curr!=NULL&&curr→key= =key)
```

```
            {
                (*p)=curr;
                return 1;
            }
            else
            {
                (*p)=pre;
                        return 0;
        }
    }
```

说明：二叉排序树的特点是：左子树上所有结点的值或关键字均小于根结点的值或失键字；右子树上所有结点的值或关键字均大于根结点的值或关键字。在非递归算法中，利用这一性质一直向下查找，无需回溯。而如果是普通二叉树，非递归的查找算法就可能回溯，因此算法也更复杂。

第十八套习题解答

1．填空：（每小题1分，共10分）

（1）答案：简单操作次数　　相对量度

说明：时间复杂用于衡量算法的时间效率。因为不同的处理器速度不同，因此不能这运行时间衡量算法性能。

（2）答案：不一定

说明：顺序存储的线性表中逻辑上相邻的元素物理位置也相邻，而链表中逻辑上相邻的元素，物理位置不一定相连。

（3）答案：14

说明：空格也计入串长。

（4）答案：＋＋

说明：事实上在某些程序也可以先把数据进栈再增加栈项指针。这两项操作的相互顺序并不重要，只要保证不把数据写入非法的存储单元即可。

（5）答案：栈空否

说明：相应地，在入栈之前要判断是否已满。

（6）答案：2^{i-1}

说明：二叉树第i层上至多有2^{i-1}个结点，i层的满二叉树共有2^{i-1}个结点。这些都是二叉树很重要的性质，需要熟记。

（7）答案：弧头

说明：有向图的始点称为弧尾。

（8）答案：建表、查找和读表元

说明：静态查找过程中不能修改表，即不能进行插入、删除等操作。

（9）答案：不变

说明：相反，如果相对位置可能发生改变，则称排序方法不稳定。

（10）答案：更新

2．选择题：（每小题2分，共20分）

（1）答案：A

说明：逻辑关系指数据之间的相关性。

（2）答案：C

说明：广义表((a,(b,c,d)))的表头的(a,(b,c,d))，表为空表。

（3）答案：D

说明：串长可以为零。

（4）答案：B

说明：顺序查找方法的平均查找长度为O(n)。

（5）答案：D

说明：栈只能在一端插入删除元素，队列只能在一端插入元素，另一端删除元素，普通线性表可以在任意位置插入和删除元素。

（6）答案：A

说明：树结构适于表示具有层次，分支关系的数据。

（7）答案：D

说明：A、C中含有环，B不能，D无环且连通。

（8）答案：A

说明：查找表也进行插入、删除、运算，但主要是查找。

（9）答案：D

说明：内部排序的依据是数据元素的关键字，但排序的对象是数据元素。

（10）答案：D

说明：

3．简答题：（每小题6分，共30分）

（1）答案：

三个结点可以组成如下5种不同形态的二叉树。

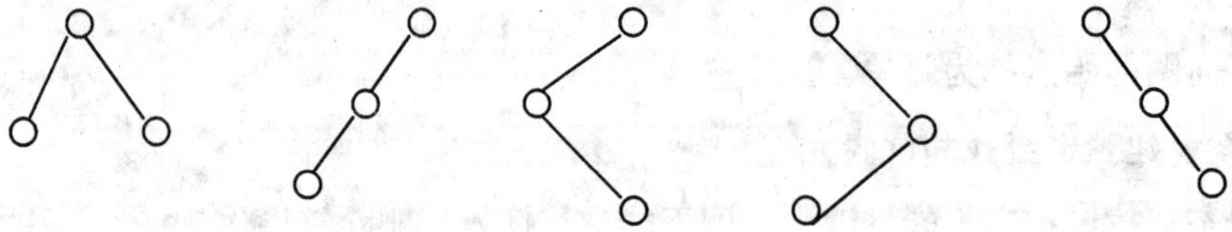

说明：如果只是组成不同形态的树，则只有两种。

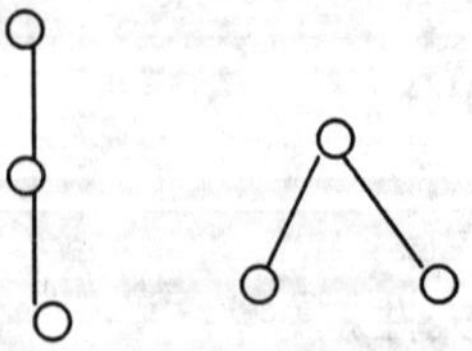

（2）答案：

通常将串的最基本操作，定义为赋值、串连接、求串长，串比较和求子串等 5 种，使用它们可以写出串定位函数如下：

```
int index(string s1,s2)
  {n1=Length(s1);
   n2=Length(s2);
   i=1;
   While((i<n1-n2+1)&&(strcmp (substr(s1,i,n2),s2)
    !=0))i++;
   if(i<=n1-n2+1)return(i);
       else   return(0);
   }//index
```

说明：算法使用了求子串和串以较来实现查找某一子串在另一串中的位置，而使用两串串长之差判断定位是否成功。

（3）答案：

$$\text{Sum}(n)=\begin{cases}1, & \text{当 } n=1 \text{ 时}\\ n+\text{sum}(n-1), & \text{当 } n>1 \text{ 时}\end{cases}$$

说明：递推式往往分两个部分：递推部分和出口部分。设计时不要忘记出口部分。

（4）答案：

本题图的宽度优先搜索的序列为：1，2，4，3，6，5，8，7，深度优先搜索的序列为：1，2，6，4，5，7，8，3。

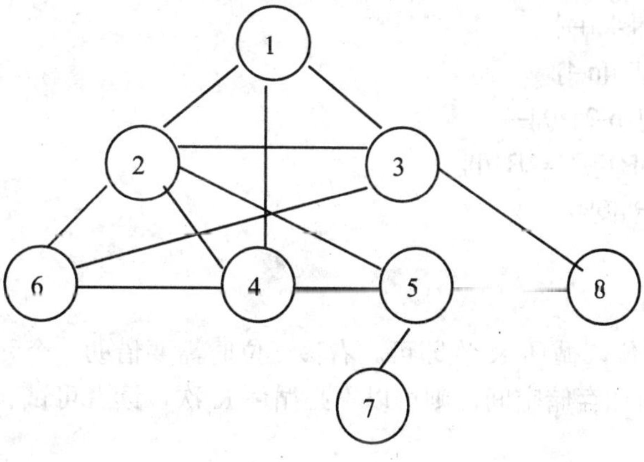

说明：在两个结点优先级相同时通常先访问序号小的结点（当然也可以先访问序号大的结点，只要遵循某种次序即可）。

（5）答案：

循环链表、双向链表和双向循环链表可以从尾指针出发访向到链表中的任意结点。

4．基本编程题：（每小题 10 分，共 30 分）

（1）答案：

```
Conversion (  )
{
  InitStack(s);
  Scanf( "%d ",n);
  While(n)
  {
  push(s,n%8);
  n=n/8;
  }
while  (!EmptyStack(s))
  {
  pop(s,x);
  printf( "%d ",x);
  }
}
```

说明：其实栈只起倒序的作用，计算八进制的算法仍然是常用的依次除以 8 取余数的方法。

（2）答案：

```
void movek(int k,datatype AR1[n])
    {for (i=0;i<k;i++)
        {x=AR1[n-1];
         for(j=n-2;j>0;j--)
           AR1[j+1]=AR1(j);
          AR1[0]=x;
        }
    }//movek
```

说明：每次右移一位，循环 K 次即可。右移一位时需要借助一个元素大小的附加存储空间。如果能有 K 个附加存储空间，则可以不必循环 K 次，读者可试着写出其算法。

（3）答案：

根据题意，实现本题功能的函数如下：

```
int binsearch(int A[ ].int t,int h,int x) /*t,h 表示查找的起始位置和结束位置*/
{
    int m;
    if (i>h)
      returb(0)/*未找到，返回 0*/
```

```
        else
        {
          m=(t+h)/2;
          if(x>A[m])
               return(binsearch(A,t,m-1,x);/*在左段中查找*/
          etse if(x= =A[m])
              return(m);        /*找到了，返回下标 x*/
          else return (binsearch (A,m+1,h,x);/*在右段中查找*/
          }
        }
```

说明：这是典型的二分查找过程，应该熟练掌握。

5．综合算法题：（10 分）

答案：算法如下：

```
GLNode2*GlistSearch2(GLNode2*h,Data Typex)/* 在广义表 h 中查找原子数据元素 x ，
找到时函数返回相应原子结点指针*/
/*找不到时函数返回空指针*/
{
GLNode2*p
if(h= =NULL)return NULL;/*查找失败出口*/
if(h→tag= =0&&h→val.atom= =x)return h;/*查找成功出口*/
if(h→tag= = 1&&h→val.head!=NULL)/*对头链递归*/
{
        p=GlistSearch2(h→val.head,x);
        if(p!=NULL)return p;
}
if(h→tail!=NULL)   /*对尾链递归*/
{
        p=GlistSeaech2(h→tail,x);
        if(p!=NULL) return P;
    }
    return NULL /*失败则三朔至上一层*/
}
```

说明：广义表的操作一般采用递归算法。在本题中对头链和尾链进行递归，出口为查找成功返回结点指针或查找失败（表为空）返回 NULL。

第十九套习题解答

1．填空：（每小题 1 分，共 10 分）

（1）答案：插入

说明：在数据结构中去掉一个结点的运算是删除。

（2）答案：一定

说明：顺序表的含意就是指逻辑顺序依然作为物理顺序。

（3）答案：较少　　较多

说明：相反，非紧缩方式在一个字中存放一个字符，浪费了一部分空间，但对字符操作速度快。

（4）答案：——

说明：出栈后要将栈顶指针减 1。

（5）答案：栈满否

说明：相应地，在对栈进行出栈操作时要判断栈是否为空。

（6）答案：层次

说明：数据元素的逻辑结构可分为线性结构、树形结构和图形结构，后两种合称非线性结构。

（7）答案：弧

说明：弧指向的顶点称弧头，弧的始点称弧尾。

（8）答案：素数

说明：在使用除留余数法作为散列函数时，为尽可能减少冲突，最好取散列表长度为素数。

（9）答案：关键字

说明：排序的对象是数据元素，但其依据是关键安的值。

（10）答案：逻辑

说明：顺序文件中，记录存放的物理顺序同录入的先后顺序相一致。

2．选择题：（每小题 2 分，共 20 分）

（1）答案：B

说明：数据表示是指数据在和内的存储和表示。

（2）答案：C

说明：线性表各元素之间是有序的，因为存在前驱和后继的关系。这和线性表中元素的值有序是不同的两个层次上的问题。

（3）答案：B

说明：subs(s,3,3)这回串 s 从第 3 个字符开始的长为 3 的子串。

（4）答案：C

说明：(8-1+1)*(10-1+1)*3=240。

（5）答案：C

说明：栈的进栈和出栈操作其实就是数据的插入和删除操作。

（6）答案：D

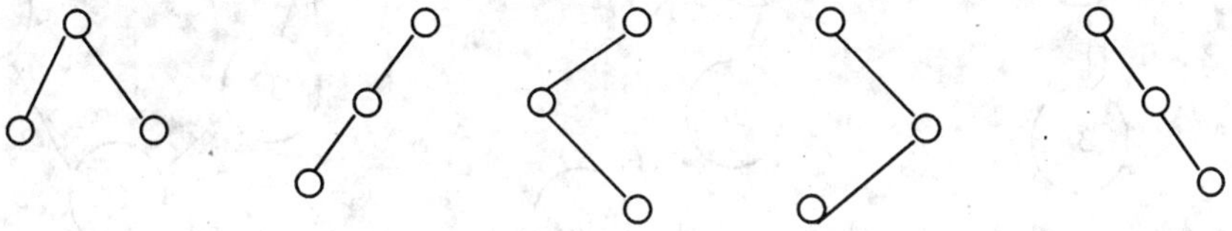

说明：如图。注意是“二叉树”如果是“树”，则只有 2 种。

（7）答案：D

说明：要在图中寻找一条最长的路径，最简单的方法莫过于穷举所有尽可能的路径并找出最长的一条。而栈出某条路径的过程实际上就是从一个结点开始深度优先遍历的过程。

（8）答案：B

说明：存放在外存中的数据的组织结构是文件。

（9）答案：B

说明：参见填空题第（9）题说明。

（10）答案：C

说明：逻辑记录只是用户对文件结构的一种语义上的划分，不是物理的存取单位。

3．简答题：（每小题 6 分，共 30 分）

（1）答案：

一个具体的数据结构，它的逻辑结构与存储结构关系密切相联，存储结构不但将数据元素存储在计算机中，而且表示出各元素的逻辑关系。逻辑结构则与计算机无关；存储结构是数据元素及数据元素之间的关系在计算机中的表示。

说明：从某种意义上说，逻辑结构是数据元素及数据元素之间的关系在人脑中的表示，而存储结构（或物理结构）是数据元素及数据元素之间的关系在计算机中表示。

（2）答案：

1）顺序文件按记录进入文件的先后次序存放，其逻辑顺序与物理顺序相一致。常用于磁带文件。查找时，多使用顺序查找法。

2）索引文件是由索引表加主文件存储区组成的，索引是逻辑记录的主关键字及指针（指示着相应的物理记录存储地址）。多用于磁盘文件。查找时分为两步进行，即①查索引表；②查物理记录。

3）索引顺序文件最常用的是 ISAM 文件（静态索引结构）和 VSAM 文件（动态索引结构。这类文件的主存储区记录也是按关键字有序存放的，其查找效率高。

说明：除这几种文件外，还有直接存取文件，它是以散列方式组织的，因而查找效率很高。

（3）答案：构造过程如下：

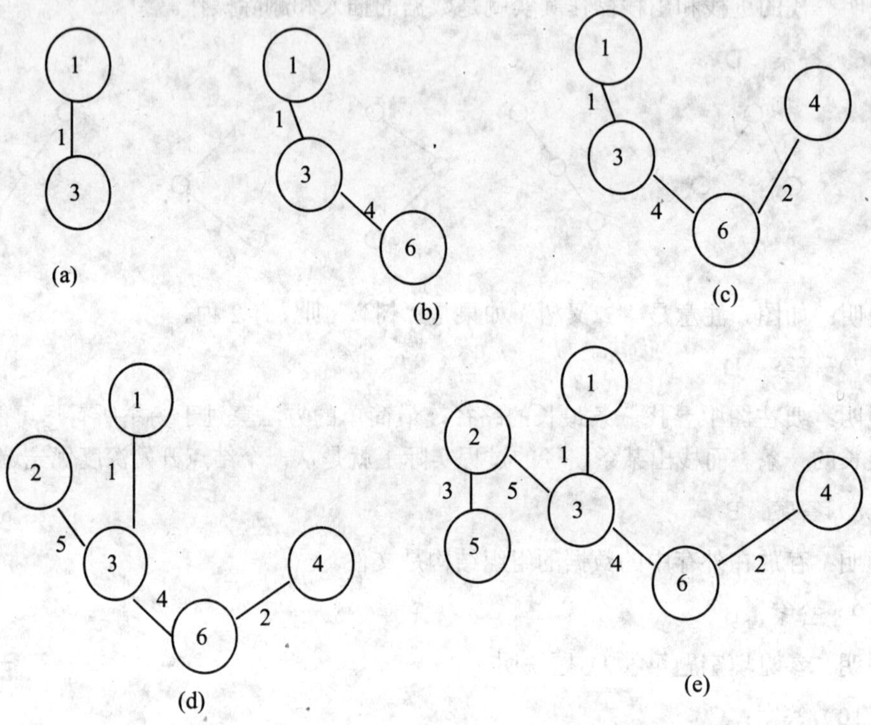

说明：普里姆算法的主要思想是在两个顶点集之中选择跨越两个顶点集的权值最小的边。

（4）答案：

1）长度为 1 的串和字符概念不相同。

2）由于字符的长度固定为 1，长度概念可以隐含，所以存储时只需存储该字符即可；而长度为 1 的串其长度概念不能隐含，必须显示地表示出来，所以存储时要同时存储该字符和值为 1 的长度值，或是再多用一个字符表示串的结束。

说明：在实际存储时，长为 1 的串往往占不只一个字符的空间。

（5）答案：

栈叫先进后出表（FILO）或叫后进先出表。栈的插入和删除都从称为栈顶的一端进行，一般线性表可以在线性表的中间及两端进行插入和删除操作。

说明：请自己思考并总结队列一般线性表的区别。

4．基本编程题：（每小题 10 分，共 30 分）

（1）答案：

```
int Statistic(Btree*bt)   //bt 是指向二叉树根的指针
{
if(!bt)   return(0);
 else
 if(bt→data= =0)   return 1+Statistic(bt→tchitd)+Statistin(bt→rchild);
else
return(Statistic(bt→1child)+Statistic(bt→rchild)
}
```

说明：二叉树的操作一般用递归来实现。在本题中，递归计算左子树和右子树中数据域为 0 的结点个数，如果树根数据域为零则将此值加 1 后返回，否则直接返回。注意不要忘记检查树根是否为空，这不只是错误检查，更重要的是这事实上是递归的出口。

（2）答案：

```
Void transmat(Matrix a,b)
 {b.mu=a.nu; b.nu=a.mu;b.tu=a.tu;
  if(b.tu){d=1;
    for (col=1;col<a.nu;col++)
       for(P=1;P<a.tu;P++)
       if(a.data[p].j= =col){
         b.data[d].i= a.data[p].j;
         b.data[d].j=a.data[p].i;
         b.data[d].value=a.data[p].value;
         d++;
         }
      }
  }//transmat
```

说明：先写入 b 的行数、列数、三元组数，然后对 a 的各列寻找属于该列的元素，即属于 b 中对应行的元素，加入 b 的三元组表。其时间复杂度为 O(a.nu*a.tu).

（3）答案：

实现此题功能的递归函数如下：

```
int m(int x)
  {
  int y;
  if (x>100)
    return(x-10);
```

```
    else
    {
      y=m(x+11);
      return(m(y));
    }
  }
```

说明：递归函数的问题最后都归结为递归出口和递归体。如本题中，递归出口为：

M(x)=x-10,x>100

递归体为：

M(x)=M(x+11),x≤100

5．综合算法题：（10 分）

答案：Void InsertTVLink(LinkList head,int m,float c)

```
{
  d=head;p=head→next;//工作指针初始化
  while (p!=head&&c>p→cost) //寻找插入位置
    {d=p;p=p→next:}
  if(p!=head&&p→cost= =c)//找到价格相同结点，更改数据域的数值
  p→num=p→num+m;
  else{s=(ListNode*)malloc(sizeof(ListNode));//按递增序插入新结点
        s→cost=c;   s→num=m;
        s→next=p;   d→next=s;
        }
 }
```

整个算法的时间复杂度由 while 循环决定，假设电视机价格种类为 n，则时间复杂度为 O(n)。

说明：注意算法中的一个细节：如果找到的结点同样具有价格 C，则不必加入新结点，只需增加结点，数量域的值。很多实际问题中会遇到类似的情况，因此考虑问题要尽量周全。

第二十套习题解答

1．填空：（每小题 1 分，共 10 分）

（1）答案：查找

说明：数据结构中的主要运算有插入删除、查找等。

（2）答案：直接前趋　　　直接后继

说明：注意，最好不要只答“前趋”和后继。

（3）答案：顺序紧缩方式

说明：顺序紧缩方式在一个内存字中的存储多个字符，可节约存储空间。

（4）答案：Sq->top= =max

说明：栈空的条件是 sq->top= =0

（5）答案：Ls->next

说明：数据出栈后，需要修改 Ls:Ls=Ls→next。

（6）答案：＞

说明：在一棵树中，根结点没有父结点，叶子结点没有孩子结点。

（7）答案：到其他顶点的最短路径

说明：Dijkstra 算法也可以用于求两个指定顶点间的最短路径，但它事实上还是要求出其中一个顶点到其他所有顶点的最短路径。

（8）答案：稀疏矩阵

说明：稀疏矩阵可以压缩存储。常用的方法有三元组表示法和十字键表法。

（9）答案：希尔排序　　选择排序　　快速排序和堆排序

说明：插入排序、归并排序和基数排序是稳定的。所谓排序方法是稳定的是指对于具有同一排序码的多个记录来说，排序后这些记录的相对次序不变。

（10）答案：记录

说明：文件的数据元素是记录，记录又可分为若干数据项。

2．选择题：（每小题 2 分，共 20 分）

（1）答案：C

说明：数据元素可以含一个或多个数据项。

（2）答案：D

说明：如果第 n 个结点的数据值等于 x，则需要作 n 次比较。假设 n 个结点的数据值等于 x 的概率相等，均为 1/n，则平均查找次数为：

$1*\frac{1}{n}+2*\frac{1}{n}+\ldots+n*\frac{1}{n}$=(1/n)*(1+2+…+n)=(n+1)/2。

（3）答案：B

说明：棋式匹配一般只求首次出现的位置，不求所有出现的子串位置。

（4）答案：B

（5）答案：A

说明：顺序存储结构一旦声明，其占用空间就已固定。

（6）答案：B

说明：如图。

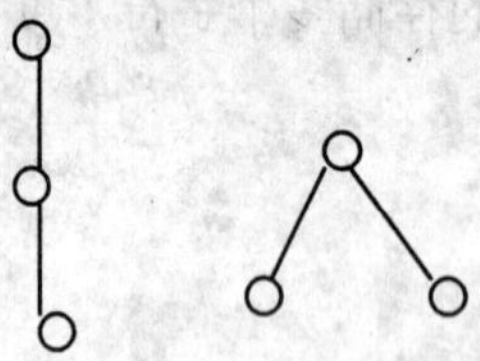

（7）答案：A

说明：普里姆(Prim)算法和克鲁斯卡尔(Kruskat)算法用于求最小生成树，迪杰斯特拉(Dijkstra)算法用求最短路径，哈夫曼(fljffman)算法用于构造哈夫曼树。

（8）答案：A

说明：查找表中各元素间没有关联。

（9）答案：B

说明：快速排序的平均时间复杂度为 O(nlogn)，最坏情况下为 $O(n^2)$；冒泡排序平均时间复杂度为 $O(n^2)$，最好情况下（数据全部有序）为 O(n)（只需做 n-1 次比较，不移动）；堆排序平均时间复杂度为 O(nlogn)。

（10）答案：C

说明：记录是逻辑单位，文件的物理单位是块。

3．简答题：（每小题 6 分，共 30 分）

（1）答案：

4 类基本逻辑结构是集合，线性结构，树形结构和图状结构。其中，集合元素之间的关系最简单，图状结构元素之间关系最复杂。

说明：集合也往往以线性结构实现。

（2）答案：

1）稳定的排序方法有：直接插入排序法、冒泡排序法、归并排序法。

2）不稳定的排序方法有：希尔排序法、快速排序法、直接选择排序法、堆排序法。

说明：如果在要排序的序列中，存在多个关键字相同的记录，排序后这些记录的相对次序仍保持不变，则称这种排序方法是稳定的，否则称排序方法不稳定。

（3）答案：

1）若矩阵中有 N 个非零值，则有 N/2 条边；

2）设邻接矩阵为 A，若 A[I][j]=1，则 I，j 有边直接相连；若 A[I][k]=1，A[k][j]=1，则经过 k 有边相连。

3）统计以该点为行的非零元素个数。

说明：这些都是的邻接矩阵的重要性质，需要熟记。再注意的是这些性质只适用于无向图，在有向图中也有类似的性质。

（4）答案：

1）((a,b),c)的表头为(a,b)，所以结果为(a,b);

2）((a,b),(c,d))的表尾为((c,d))，所以结果为((c,d));

3）先取((a,b),(c,d))的表头为(a,b)，再取(a,b)的表尾为(b)，所以结果为(b);

4）先取((a,b),(c,b)的表尾为((c,d))，再取((c,d)的表头为(c,d)，所以结果为(c,d);

5）首先取((a,b),(,d))的表头为(a,b)，然后取(a,b)的表尾为(b)，最后取(b)的表头为 b，所以结果为 b。

说明：注意取表尾时不要忘记外层的括号，如(a,(b,c))的表尾是((b,c))，不是(b,c)。

（5）答案：

顺序栈是使用数组存储栈的元素，数组一旦明确，其元素的个数便确定，当栈满的时候，不能进行进栈运算。判断栈满的条件是 sd.top= =maxsize。当栈空的时候，不能进行出栈运算。判断栈空的条件是 sd.top= =0。

说明：在写算法时，要注意检测栈是否空或满。

4．基本编程题：（每小题 10 分，共 30 分）

（1）答案：

```
SatckLength(Ls)
{
  p=Ls→next;
  i=0
  while  (p)
  {
    p=p→next;
    i++;
  }
  return(i);
}
```

说明：注意在链栈中，Ls→next 指向栈顶元素。

（2）答案：

数组 A[3][3]中一条对角线是 A[i][i](0≤i≤3)，另一条对角线是 A[3-i][i](0≤i≤3)，所以循环扫描两条对角线中的每个元素，依次计算其乘积。实现此题功能的函数如下：

```
Void   mmult( )
{
    maxix A;
    int i ,s;
    for (i=0;i<4;j++)
        scanf( "%d ",A[i][j];
    s=1;
    for   (i=0;i<4;i++)
          s=s*A[i][i];/*求第一条对角线之积*/
    for   (i=0;i<4;i++)
          s=s*A[3-i][i];/*继续乘以第二条对角线上的数*/
    printf( "两条对角线元素之积：%d\n ",s);
}
```

说明：本题的关键是推导出数组对角线的表达式：A[i][i]和 A[3-i][i](≤i≤3)。

（3）答案：

```
int     squch(sqlist   r,int k)
        {r[m].kty=k;     //将监视哨设在高下林端
        i=1;
        while((r[i].kty!=k)&&(i!=m))
              i++;
        return(i);
        }
```

成功的平均查找长度值为

ASL 成功=(1+m-1)/2=m/2

说明：对于长为 n 的有序线性表，等概率下查找成功的平均查找长度为(n+1)/2。本题中 n=m-1。

5．综合算法题：（10 分）

答案：int LStr Delete (LstrType*s,int ,int k)

```
/*删除带头结点的串 s 从序号 I(1<i<串 s 的长度值)开始、，长度为 k 的子串*/
{
    LstrType *p,d,*v;
    Int j;
```

```
        /*寻找并使指针 p 指向第 i-1 个结点*/
        p=s;j=0;
        While(j<i-1&&p→next!=NULL)
    {
    p=p→next;j++;
    }

    if(j!=i-1)   /*若 i<1 或 i>串 s 的长度值则出错*/
    {
    printf( "参数 i 错 ");
    return 0;
    }
    /*寻找并使指针 d 指向第 i+k-1 个结点*/
    d=p→next;j=1;
    while(j<k&&p!=NULL)
    {
            d=d→next;j++;
        }
        if(j!=k) /*若 k<1 或 i+k>串 s 的长度值则出错*/
        {
        printf( "参数 k 错 ");
        return 0;
    }
      v=p→next;            /*指针 v 指向要删除的第一个结点*/
      p→next=d→next;     /*从串 s 中删除所有要删除的结点*/
    d→next=NULL;    /*把要删除的子串 v 从主串中断开*/

    /*逐个释放被删除结点的存储空间*/
    p=v;
    while(v!=NULL)
    {
    p=v→next;free(v);v=p;
    }
    return 1;
    }
```

说明：算法主要步骤是：找到合适的位置，把子串从主链上摘下来，然后逐个释放空间。

第二十一套习题解答

1．填空：（共 10 分）

（1）答案：Q.front->next

说明：在有头结点的链表中，头结点的后继为第一个元素。

（2）答案：连续

说明：因为存储空间是一维的，因此二维数组的存储分为行序为主方式和列序为方式。

（3）答案：关键字

说明：索引文件是指具有索引结构的文件。

（4）答案：索引非顺序

说明：也称作索引无序文件。

（5）答案：

1）邻接矩阵中 1 的个数的一半

2）第 i 行第 j 列的元素是 1

3）第 i 行中的 1 的个数

4）n-1

说明：以上(1)(2)(3)小题都是邻接矩阵的重要性质，需要熟记。

（6）答案：次关键字

说明：多重表文件也是一种索引文件。

2．选择题：（共 20 分）

（1）答案：C

说明：在完全二叉树中，结点 i(2≤i≤n)父结点是[i/2]。非终端结点 I 的左孩子结点是 2i，右孩子结点是 2i+1。但要注意，如果结点节点的标号不是从 1 开始（例如从零开始），那么上面的关系需要略做调整。

（2）答案：D

说明：初始时，每个元素自成一组。

（3）答案：A

说明：索引表给出了逻辑记录和物理地址的对应关系。

（4）答案：C

（5）答案：A

说明：每一个顶点对应一个表头结点。

（6）答案：C

说明：参见选择题第（1）题的说明。

（7）答案：C

说明：一般地，数组 A[i:j,m:n,p:%]的元素个数为：(j-i+1)*(n-m+1)*(%-p+1)。

（8）答案：B

说明：队列的特点是先进发出。

（9）答案：B

说明：参数 2 指明插在第 2 个位置而不是第 2 个位置之后。

（10）答案：A

说明：物理结构是相应逻辑结构在存储器中的映像。

3．简答题：（每小题 6 分，共 30 分）

（1）答案：

先序：a,b,c,d,e,f

中序：c,b,a,e,d,f

后序：c,b,e,f,d,a

按层：a,b,d,c,e,f

说明：二叉树的广义表表示法动规则为：1）每棵树的根结点作为由子树构成的表的名字放在表的前面。2）若一棵树只有右子树，没有左子树，则右子树的前面的逗号不能省略。

（2）答案：

该算法的功能为：从初始点 Vi 出发广度优先搜索由邻接表 GL 所表示的图。

说明：广度优先搜索的特点是优先搜索同一个结点下的所有子结点。

（3）答案：

这几种文件不适合存放在磁带上。因为磁带是一种顺序存储器，在其上存放的数据只能按顺序存取，而索引文件、散列文件和多关键字文件等均不能只通过顺序存取就能够完成文件的各种操作。因此上述文件适合于存放在磁盘上。磁带则适合于存放顺序文件。

说明：索引文件散列文件和多关键字文件的特点是易于随机存取，往往存储在磁盘上。

（4）答案：

1）此序是大根堆；

2）此序列不是堆，经调整后成为小根堆：(12,24,33,65,33,56,48,92,86,70)

3）此序列是大根堆。

4）此序列不是堆，经调整后成为小根堆：(05,23,20,35,28,38,29,61,56,76,40,100)

说明：堆的性质是：任一非叶结点上的关键字均不大于（或不小于）其孩子结点的关键字。据此可以通过画二叉树进行，判断和调整。调整的方法（以大根堆为例）：从后向前，对应每一非叶结点 Ri，首先把 Ri 与两个孩子中较大者 Rj 比较，若 Ri≥Rj，则不必做操作；

否则互换 Ri 和 Rj 的位置，互换后可能破坏以 Rj 为根的堆，需要重新调整。依此类推。

（5）答案：

ASLsucc=(1*1+2*2+3*4)/7=17/7

说明：一次可以找到的有 1 个数两次可以找到的有 2 个数，三次可以找到的有 4 个数。共 7 个数，因此平均搜索长度如上式。

4．基本编程题：（每小题 10 分，共 30 分）

（1）答案：

```
void Insertl(List&L,int i,ElemTypex)
{
for(intj=L.size-1;j>=i-1;j--)
        L.list[j+1]=L.list[j];
L.list[i-1]=x;   //第个 i 元素的下标为 i-1
L.size++;
}
```

说明：先第 i 个位置开始将数据元素都后移一个位置，然后将元素存入空出来的第 i 个位置。注意：后移时必须从后面开始移，下面的代码会导致后一个位置被前一个位置的数据覆盖：for(j=i;n<L.size:j++)

```
L.list[j+1]=L.list+[j];
```

（2）答案：

根据题意，得到能够实现本题功能的递归函数如下：

```
int  Comb1(int n,int m)
{
if((n>=0&&m= =0) || (n>=0 && m= =n))
    return(1);
else
{
    if(n>m   && n>=0 &&m>=0)
        retutn (comb1(n-1,m)+comb1(n-1,m-1));
    else
    {
            printf( "n,m 值不正确\n ");
            return(-1);
    }
  }
}
```

说明：对递归函数，重要的是明确其递归出口和递归体。如本题中递归出口为((n>=0&&m==0)!!(n>=0&& m==n))以及其他不合法的输入。递归体如题中所给。

（3）答案：

```
int substring(s1,s2
orderstring  s1,s2;
{
  int i, j,k,yes=0;
  i=0;
  while  (i<s2→len&&!yes)
{j=0;
  if(s1→vec[i]= =s2→vec[j];
  {
     k=i++;
     j++;
     while (s1→vec[k]= =s2→vec[j]&&j<s2→len)
     {
         k++;
         j++;
      }
      if(j= =s2→len)yes=1;
      else  i++;
}
else  i++;
}
    return(yes);
  }
```

说明：如果 s1 的第 i 字符和 s2 的第 j 个字符相同则继续匹配，匹配不成功时回退到 s1 的第 i+1 个字符和 s2 的第 1 个字符(j=0)。这样的回退可能造成时间浪费、改进的方法是采用棋式匹配的 KMP 算法。

5．综合算法题：（10 分）

答案：

```
void LinListInsert(SLNode*head,DataType x)
    {
       SLNode*curr,*pre,*d;
       /*循环初始化*/
       curr=head→next;      /*curr 指向首元结点*/
         pre=head;         /*pre 指向头结点*/


         /*循环定位插入位置*/
```

```
        while (curr!=NULL&&curr→data<=x)
        {
        pre=curr;
        curr=curr→next;
    }

    /*申请一个结点并把 x 存入 data 域*/
    if((d=(SLNode*)malloc(sizeof(SLNode)))= =NULL)exit(1);
    d→data=x;

    /*把新结点插入 pre 所指结点后*/
    d→next=pre→next;
    pre→next=d;
}
```

说明：算法很简单，先找到插入位置然后申请新结点并插入。平均时间复杂度为 O(n)。

第二十二套习题解答

1．填空：（每小题 1 分，共 10 分）

（1）答案：线性结构　树形结构　图形结构

说明：树形结构和图形结构合称为非线性结构。

（2）答案：n-i

说明：第 i 个元素后的 n-i 个元素都需要向前移动。

（3）答案：两个串的长度相等且对应位置的字符相同

说明：例如，空串和空格串长度不同，所含字符也不同，因此不相等。

（4）答案：226

说明：200+(10*+6)*1=246 一般地，若二维数组 A[m][n]以列序为主方式存储，每个元素占 k 个存储单元，则 A[i][j]的地址为:A[0][0]的地址+(j*m+j)*k。

（5）答案：前一个位置

说明：为了能够使用队首指针和队尾指针判断队列满，队首指针不是指向队首元素。

（6）答案：36

说明：因第 7 层有 8 个叶子结点，它们连接在 4 个第 6 层结点上，而第 6 层共有 2＝32 个结点，故第 6 层有 2^{6-1}32－4＝28 个叶子结点。前 5 层没有叶子结点，因此共有 28＋8＝36 个叶子结点。

（7）答案：n(n-1)

说明：任两个顶点间都有两条不同方向的弧。

（8）答案：顺序存储结构　　　　有序的

说明：在使用二分查找算法是一定要注意检查数据是否有序。

（9）答案：3

说明：把 60 插入到有序表时，有序表经前几次插入已变为(15,23,38,54,72,96,60,45,83)，此时需把 60 和 96，72，54 这 3 个数比较。

（10）答案：顺序结构　　　链结构

2．选择题：（每小题 2 分，共 20 分）

（1）答案：A

说明：两种结构的栈分别称为顺序栈和链栈。

（2）答案：B

说明：100+(5-1)*2=108。

（3）答案：D

说明：串可以包含任意字符。串可以为空。

（4）答案：B

说明：稀疏矩阵的三元组存储方式要求三元组的排列按行号从小到大。顺序只互换行、列下标不一定满足这一条件。

（5）答案：B

说明：判断栈满条件是：ST→t=mo。

（6）答案：C

说明：树其实反映了一种一对多的关系，而图反映多对多的关系。

（7）答案：C

说明：这是图很重要的一个性质，需要熟记。

（8）答案：B

说明：二分查找事实上对应一棵平衡的二叉树，而二叉排序树未必是平衡的。

（9）答案：D

说明：选择排序中每次比较次数都是固定的。

（10）答案：A

说明：索引文件按其主文件是否有序分为索引顺序文件和索引无序文件。

3. 简答题：（每小题 6 分，共 30 分）

（1）答案：

WPL=165

说明：构造出的哈夫曼树为：

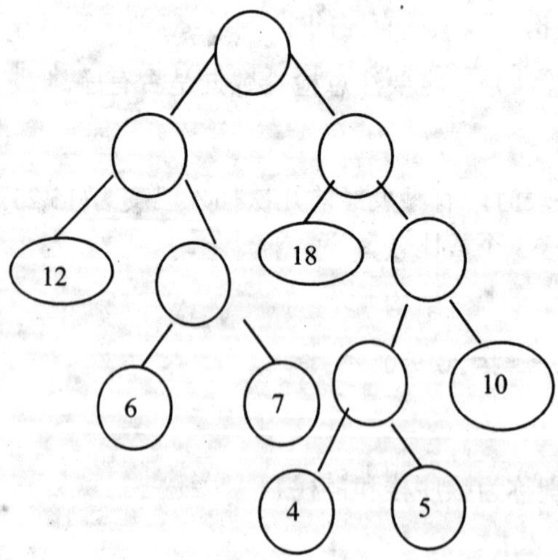

故，带权路径长度 WPL=12*2+6*3+7*3+18*2+4*4+5*4+10*3=165。

（2）答案：

1）abc*+

2）ab+de-/

3）b4a*c*-2a*/

（3）答案：

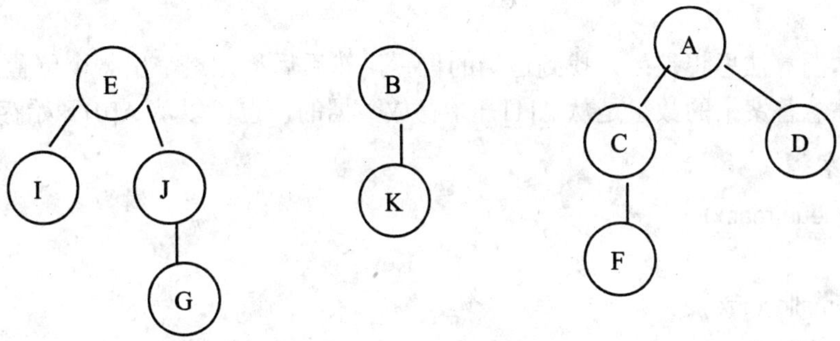

说明：主要步骤是把右子树摘下来，并调整剩下的部分（左孩子的右孩子变为自己的右孩子）。

（4）答案：

在排序前，关键字值相等的不同记录间的前后相对位置保持不变的排序方法称为稳定的排序方法。否则称为不稳定的排序方法。

说明：稳定的排序算法有：冒泡排序、直接插入排序、归并排序等。

（5）答案：

这种说法不对（在一般情况下采用二分查找法比采用顺序查找法速度要快）。如果要查找的关键字是第一个元素，显然采用顺序查找法比采用二分查找法速度要快。

说明：我们讨论算法的时间复杂度一般　是讨论其平均时间复杂度。算法 A 比算法 B 的平均时间复杂度低并不能说明算法 A 一定比算法 B 速度快，在某些特殊情况下可能反而算法 B 更快。

4．基本编程题：（30 分）

（1）答案：实现此题功能的函数如下：

```
#define  MAX 100                    /*顺序表最多的结点个数*/
typedef  int vector [MAX] /*定义数据类型 vector,它表示最大长度为 MAX 的整型数组*/
void  insert(vector A,int n,int x)        /*顺序表 A 的长度为 n*/
{
   int i,j ;
   if (x>=A[n]) A[n+1]=x            /*若 X 大于最后的元素，则将其插入到最后*/
   else
   {
```

```
    I:=1;
    whise(x>=A[i],i++);              /*查找插入位置 i*/
    for(j=n;j>=i;j--)   A[j+1]=A[j];   /*移出插入 X 的位置*/
    A[i]=x;
    n++;                              /*将 X 插入，顺序表长度增 1*/
  }
}
```

说明：本题算法思想是：先找到适当的位置，然后后移元素空出一个位置，再将 X 插入。另外，注意答案中的数组是从 A[1]开始存放数据的，也可以从 A[0]开始存放数据。

（2）答案：

```
EnQueue(rear,x)
  {
  p=malloc(size);
  p→data=x;
p→next=rear→next;
rear→next=p;
rear=p;
};
```

说明：算法很简单，其实就是在链表中插入一个结点。

（3）答案：

```
int GlistAtomNum(GLNode *h)
{
      if(h= =NULL)return0;
      if(h→tag= =0)return 1;
      if(h→tag= =1)
          return GlistAtomNum(h→val.subList.head)
          +GlistAtomNum(h→val.subList'tail);
  }
```

说明：广义表的操作一般用递归实现比较简单。本题解法的思路就是如果广义表为空或只包含一个原子则直接返回，否则对表头和表尾递归调用本函数。

5．综合算法题：（10 分）

答案：void bibubble(ftype r,int n) //双向冒泡排序过程

```
  {bool=1;m=n-1;i=1;
while(bool= =1){
  bool=0;
  if(!odd(m+i)){  //如果 m+I 是偶数则正向扫描
```

```
    for(j=i;j<=m;j++)
      if(r[j].key>r[j+1].key){
      bool=1;temp=r[j];
      r[j]=r[j+1];
      r[j+1]=temp;
      }
    m--;
  }
  else{for(j=m;j>=i;j--)   //如果 m+I 是奇数则反向扫描
     if(r[j+1].key<r[j].key){
     bool=1;temp=r[j+1];
     r[j+1]=r[j];
     r[j]=temp;
     };
    i++;
    }
  }
```

说明：注意算法中 bool 的作用：bool 未被由 0 变成 1 说明在扫描全程中没有发生过交换，也就是说数据元素已全部排好序，因此算法中的 while 循环在 bool=0 时结束。当然也可以采用其他方法检测是否已排好序，如检测 m 和 i 的位置等。

第二十三套习题解答

1. 填空；（每小题 1 分，共 10 分）

（1）答案：简单操作次数

说明：一般并不需要精确计算时间复杂度，只需估计其数量级。

（2）答案：108

说明：对于顺序存储线性表，假设起始地址为 A，每个元素长度为 L，则第 n 个元素地址为：A+(n-1)*L。

（3）答案：顺序紧缩方式

说明：所谓顺序紧缩方式是指字符顺序存储且每字符占一个字节而不是一个字。

（4）答案：Loc(A[0][0])+(n*i+j)*K

说明：如果采用列序为主方式存储，则答案为：Loc(A[0][0])+(m*j+i)*k。

（5）答案：后进先出　先进先出

说明：栈和队列的另一点重要区别是：栈只能在一端（栈顶）插入和删除元素，而队列在一端（队尾）插入元素，在另一端（队首）删除元素。

（6）答案：7

说明：深度为 7 的满二对有 2^7-1=127 个对点，深度为 6 的满二叉树有 2^6-1=63 个结点。因此，题中的完全二叉树深度为 7。也可直接下式计算带点数不 N 的完全二叉树的层数:[$\log_2$N]+1。

（7）答案：n(n-1)/2

说明：树是边数最少的无向连通图，n 个顶点的树有 n-1 条边。

（8）答案：(n+1)/2

说明：注意这一结果的前提是等概条件，即查找表中各元素和查找元素相等的概率相等。

（9）答案：0

说明：当查找表有序时，冒泡排序只比较不交换。

（10）答案：哈希

说明：哈希方式又称散列方式，直接存储文件又称散列文件。

2. 选择题：（每小题 2 分，共 20 分）

（1）答案：C

说明：非线性结构又可分为树形结构和图形结构。

（2）答案：B

说明：第 i 个元素及其后的 n-i 个元素都需要移动，共 n-i+1 个。

（3）答案：B

说明：实际中一般采用顺序存储方式，又可分为紧缩的和非紧缩的顺序存储方式。

（4）答案：C

说明：也就是存取操作。

（5）答案：C

说明：栈和队列的另一点重要区别是：栈只能在一端（栈顶）插入和删除元素，而队列在一端（队尾）插入元素，在另一端（队首）删除元素。

（6）答案：B

说明：若非空二叉树和前序序列最后序序列正好相反，则其任一结点至多只有一个孩子结点，因此其结点数等于层数。

（7）答案：C

说明：按照排列组合公式：$C^2n=n(n-1)/2$

（8）答案：B

说明：顺序查找法适合于线性表，线性表又有顺序存储和链接存储之分。

（9）答案：C

说明：冒泡排序和堆排序可以依次在每一轮循环中选出前最大的元素，但快速排序和基数排序不能。而堆排序的平均时间复杂度(O(nlogn))优于冒泡排序($O(n^2)$)。

（10）答案：D

说明：直接存取文件是用散列方式组织的，其存取几乎可以直接确定地址，效率很高。

3．简答题：（共 30 分）

（1）答案：当线性表很少进行插入和删除操作，线性表中的元素个数的上限已知时，使用顺序表比较好。

说明：对于顺序表，存取元素的时间复杂度为常数，插入和删除元素的平均时间复杂度为 O(n/2)；而链表则恰好相反。因此，当插入和删除作较少时适宜采用顺序表。另外，顺序表长度固定，如果存储元素个数超过最大长度会造成溢出，因此最好已知元素个数的上限。

（2）答案：

1）该数组含的有元素数目；

(10-1+1)×(6-(-1)+1)×(3-0+1)=320

2）求出地址计算公式：

M[i,j,k]地址=a+[(i-1) ×8×4+(j+1)×4+K]×L

式中，a=1000，L=3，故

M[i,j,k]地址=1000+[32(i-1)+4(j+1)+K] ×3

代入数据，得：

M[2,4,2]地址=1000+3*(32*(2-1)+4*(4+1)+2)=1162

M[5,-1,3]地址=1000+3*(32*(5-1)+4*(-1+1)+3)=1393

说明：此题的难点在于各下标的起始值不同。若各下标都从零开始，则 M[i,j,k]的地址为：a+[i*第二维长度+j*第三维长度+k]*L，对于不从零开始的情况，只需对 I，j，R 加减相应的数使其相当于从零开始即可，如本题对第一维减 1，对第二维加 1，对第三维不变。

（3）答案：1）不相同

2）C(2n,n)/(n+1)，(其中 C(2n,n)为组合数)

3）(n+1)/2

4．基本编程题：（30 分）

（1）答案：

```
int same (x,y)
orderstring*x,*y;
{
int i=0,tag=1;
if(x→1en!=y→1en)return(0);
else
{
        while(i<x→len&&tag)
        {
        if(x→vec[i]!=y→vec[i])tag=0;
        i++;
        }
        return(tag);
        }
    }
```

说明：两个串相等表示对应的字符必须都相同，所以扫描两串，逐一比较相应位置的字符，若相同继续比较直到全部比较完毕，如果都相同则表示两串相等，否则表示两串不相等，由此得到如上函数。

（2）答案：

```
{   p=s→next;
while(p→next!=s)
{ q=p; p=p→next;   }
p→next=s;
```

```
free(q)
}
```

说明：因为是单向循环链表，所以从 s 的后继结点一直向后查找从可以找到 s 的直接前导结点。注意在查找过程中需同是记录 p 和 p 的前导结点的指针 q，因为删除 p 时会用到 q。

（3）答案：

```
opposition(bt)/*bt 是指向二叉树根指针*/
{
    if(!bt) return(0);
    else
        {
      bt→data=-bt→data;
      opposition(bt→lchild);
      opposition(bt→rchild);
        }
    }
```

说明：本题其实就是遍历一棵二叉树，一般用递归算法。注意不要忘了递归结束。条件：if(!bt)　return(o);

5．综合算法题：（10 分）

答案：算法具体描述如下：

```
#define INFINITY   MAX_WEIGHT
/*MAX_WEIGHT 为最大权值，表示∞*/
void convertM(AdjGraph *G1,ALGraph *G2)
{ int i,j;
  LinkNode   *p;
  G2→vexnum=G1→vexnum;
  G2→e=G1→e;
  for(i=0;i<G1→vexnum;i++){
      G2→adjlist[i].vexdata=G1→vexs[i];
      G2→adjlist[i].first=NULL;
}
for(i=0;i<G1→vexnum;i++)
   for(j=oij<G1→vexnum;j++)
      if(G1→adj[i][j]<INFINITY){
          P=(LinkNode*)malloc(sizeof(LinkNode));
          P→weight=adj[i][j];
```

```
            P→adjvex=j;
            P→next=G2→adjlist[i].first;
          G2→adjlist[i].first=p;
    }
    return;
    }
```

若图中的顶点数为 n，则该算法的时间复杂度为 $O(n^2)$。

说明：因为是一个带权图，所以在图的邻接表存储结构中，需要在表结点中增加一个域 weight 存放每个边的权值。算法首先依据邻接矩阵存储中的顶点向量建立邻接表的各顶点结点，然后依次检查邻接矩阵 adj 的每个元素 adj[i][j]，若 adj[i][j]≠∞，则建立一个相应的表结点，插入到邻接表中。

参考文献

1 Adam Drozdek, Data Structures and Algorithms in C++, Second Edition, Course Technology,2000

2 A. Michael Berman, Data Structures Via C++:Objects by Evolution, Oxford University Press,1997

3 Bjarne Stroustrup , The C++ Programming Language, Special 3rd Edition, Addison-Wesley Professional, 2000

4 Harey M.Deitel, Paul J. Deitel, C++ How to Program, 4th Edition, Prentice Hall, 2002

5 Stanhen Ranby Davis, C++ for Dummies, 4 rdition, For Dummies, 2000

6 Stanley B. Lippman, Josee Lajoie, Barbara E. Moo, C++ Primer, 4 edition, Addison-Wesley Professional, 2005